Erich Glagau

Müssen KINDER so heißen?

Biblische Namen für deutsche Kinder?

Sage mir Deinen Namen,
und ich sage Dir,
wer Dein Vorbild ist.

Meinem Freund ADOLF
und seiner Frau Eva
gewidmet

Erich Glagau Eigenverlag
Kein gewerbliches Unternehmen
Beethovenstr. 14
D-34225 Baunatal
T. u. F. 0561/4912850
ISBN 3-00-007543-7

Das praktische Leben und ein Zufall
boten dem Autor den Anreiz, eine kleine
Untersuchung über die Gründe vorzunehmen,
die zur Namensgebung führten;
und über die Charaktere
der „Vorbilder“ Aufschluß zu geben.

Alle in diesen Broschüren aufgeführten Familiennamen wurden
vom Autor geändert.

Inhaltsverzeichnis

Müssen Kinder so heißen?

Viele Eltern meinen, eine feste Vorstellung von den Namen zu haben, die sie ihren Kindern geben. Sie hoffen, damit den Glanz von Vorbildern aus Religion, Geschichte, Musik, Literatur und Sport auf den Sprößling übertragen zu können.

Heutzutage werden aber immer mehr Namen aus Nachlässigkeit gewählt. Sie werden geschickt als 'modern' hochgejubelt, quasi in die Zeit passend.

Es sind vorzugsweise biblische Namen, bei denen es gezielt darum geht, dem deutschen Volk auf diesem Wege die Verbindung zu seinem Volkstum abzuschneiden.

So schiebt man die Eltern im Rahmen der zeitgemäßen Politik auf das Gleis der alttestamentarischen Namen. Alles erscheint ganz harmlos. Oft mit frommem Augenaufschlag. Die Vorarbeit leisten ganz bestimmte Kreise in den USA. Über Themen der Bibel machen diese amerikanischen Volksverdummer raffinierte Filme, wobei die größten biblischen Schurken zu Lichtgestalten verwandelt werden. Und deren Namen gelten dann oft als Vorbilder für den ungeliebten deutschen Nachwuchs. Beim ausgeprägten Hang der Deutschen zum Nachäffen haben die Amis leichtes Spiel und finden hier die besten Ansprechpartner. Auch wenn sie bei diesen gegen das ganze deutsche Volk gerichteten Aktionen auf die Nase fallen. Sie werden es erst merken, wenn die Nase blutig ist.

Wir kennen die Taktik aus unzähligen Ami-Film-Schinken, wobei umgekehrt die deutschen Helden als größte Verbrecher hingestellt werden. Wie gewohnt, fallen die unbedarften deutschen Fernsehzuschauer glatt darauf rein.

Den meisten Eltern sind Ursprung und Bedeutung der aus den USA als exportierten geschönten biblischen Namen ihrer Kinder unbekannt. Sie erliegen lediglich dem Herdentrieb. Es ist eine regelrechte deutsche Volkskrankheit, daß unsere Volksgenossen alles Ausländische bejubeln müssen. Und sie dauert bereits sehr lange. Wir liefern den Beweis dafür!

Ausländerei

Daß wir so das Fremde lieben!
Zu dem Fremden hingetrieben,
sind wir selbst uns fremd geblieben -
Deutsch will keiner sein!

Nur von Auslands Gnaden sollen
wir besteh'n, wir Lebensvollen,
selbst nichts tun und selbst nichts wollen!
Schlag der Teufel drein!

Sollen wir an uns verzagen?
Kein Gefühl im Herzen tragen,
nicht einmal zu sagen wagen,
daß wir etwas sind?

Liebend alle Welt umfassen,
sich verachten, sich nur hassen,
Kann's der Deutsche niemals lassen? -
Armes Vaterland!

Stählt die Sinne und Gemüter!
Seid die Schirmer, seid die Hüter
eurer eignen deutschen Güter!
Werdet deutsch gesinnt!

Was die Fremden Gutes machten,
laßt uns immer gern beachten,
aber nach dem Besten trachten
für das Vaterland!

Heinrich Hoffmann von Fallersleben, geb. 2. 4. 1798 in Fallersleben, gest. 19. 1. 1874 in Corvey

ADOLF

Mein fast täglicher Spaziergang führt mich an einem Kindergarten vorbei. Oft bleibe ich dort stehen, um dem hoffnungsvollen Nachwuchs beim Rumtoben zuzusehen.

Kürzlich war wohl eine Frischluft-Pause gerade vorbei, als alle Kinder hereingerufen wurden. Die Leiterin hatte ihre liebe Not mit dieser Absicht, denn ein paar allzu Tatendurstige hörten mit dem Herumrennen nicht auf. Lautstark mußte sich die junge Frau ins Zeug legen und die Kinder einzeln mit Namen auffordern, endlich zu gehorchen:

"David! - Esther! - Lea! - Daniel! - Adolf! Werdet ihr nun endlich machen, daß ihr reinkommt!"

Bei den ersten vier Namen dachte ich, ist das überhaupt ein **deutscher** Kindergarten? Oder bin ich hier in einer Kolonie Israels? Bei "Adolf" jedoch wurde ich stutzig. Das konnte niemals Israel sein! Aber wer wagt es denn heute, sein Kind "Adolf" zu nennen?

Ich wollte es genau wissen und ging zur Leiterin des Kindergartens. Auf meine Frage nach den Eltern des kleinen Adolf hat sie mir erst einmal forschend in die Augen gesehen und dann erklärt, daß sie keine Namen und Adressen herausgeben dürfe. Da ich aber aus dem Alter einer möglichen Kindesentführung längst heraus bin und auch sonst wohl einen "netten" Eindruck machte, und meine Hartnäckigkeit nicht nachließ, rief die Dame bei den Eltern des Kindes an.

Mir wurde der Hörer überlassen, und ich konnte mit der Mutter des kleinen Adolf direkt sprechen. Da ich meinen Namen und meine Adresse mit der Empfehlung genannt hatte, das Telefonbuch zur Bestätigung heranzuziehen, lief dann alles recht freundlich und entgegenkommend ab.

Die junge Dame erklärte sich bereit, mich am Nachmittag in ihrer Wohnung zu empfangen. Es stellte sich heraus, daß wir nur etwa dreihundert Meter voneinander entfernt wohnten.

Pünktlich zur verabredeten Zeit hatte ich mich eingefunden. Gleich beim ersten Blickkontakt stellten wir fest, daß wir uns bereits vom Sehen her kannten, und zwar vom Einkaufen. Entsprechend locker begann die Unterhaltung und die Erklärung über den Grund meines Besuche:

Ich wollte wissen, wie Eltern heutzutage zu dem Entschluß kommen, ihrem Sohn den Namen "Adolf" zu geben. Auf meine Frage wurde mit einem befreienden Lachen geantwortet:

"Wir haben im Jahre - warten Sie mal - also genau sind es fünf Jahre her, bevor unser Adolf geboren wurde, in Schweden Urlaub gemacht. Wir lieben die Landschaft, die Menschen dort, und mein Mann angelt außerdem leidenschaftlich gern. Da wir sowieso Land und Leute kennenlernen wollten, sind wir viel herumgefahren. Und in Stockholm hatten wir das Glück, die königliche Familie ganz aus der Nähe zu erleben. Das königliche Paar unterhielt sich sogar mit den Gästen, und wir konnten hören, wie beide deutsch mit ihnen sprachen! Alles machte einen solch harmonischen Eindruck, daß wir sie spontan ins Herz schlossen. Und da wir nicht kinderlos bleiben wollten, haben wir uns gesagt, das wäre hier in Schweden die beste Gelegenheit, den Grundstein dafür zu legen. Wir beschlossen, falls es ein Junge werden sollte, ihm den Namen Adolf, nach einem der schwedischen Könige, zu geben. - Und hier sehen Sie das Ergebnis unserer Absicht!"

Ich war überrascht über die freimütige Auskunft und glücklich über die Rettung dieses guten alten Namens in die Gegenwart hinein.

Wir haben uns dann noch lange über die ganz anders klingenden Namen der heutigen Kinder unterhalten. Wir fragten uns, warum dies so sei und ob sich die Eltern über den Sinn der Namensgebung wirklich immer im klaren wären. Erfreulich für mich war die Einstellung der jungen Frau, die sich mit meinen Ansichten absolut deckte. Wir meinten nämlich, daß es doch genug deutsche Namen gibt, als daß man auf solche wie Mike, Daniel, David und Sarah verfallen müßte.

Die Verabschiedung verlief sehr herzlich. Damit wurde meine Neugierde weiter angestachelt, und ich faßte spontan den Entschluß, zu erforschen, welche Beweggründe die Eltern veranlaßten, den Kindern biblische Namen zu geben.

Ich muß dazu erwähnen, daß ich in einer Kleinstadt lebe. Es bereitet also keinerlei Schwierigkeiten, mit den Menschen ins Gespräch zu kommen, wenn man sie anruft, ihnen sagt, wo man wohnt und fragt, ob eine persönliche, direkte Unterhaltung möglich sei.

***

LEA

Wieder war mein Ausgangspunkt der Kindergarten, das heißt, die freundliche Leiterin. Diesmal hatte ich einen anderen Zeitpunkt gewählt. Die Eltern waren nämlich bereits erschienen, um ihre Sprößlinge in Empfang zu nehmen. Nicht die Mutter, sondern der Vater der kleinen Lea wurde mir vorgestellt, weil er dienstfrei hatte und nun die Tochter abholen kam. Da die Kinder ja alle aus meinem Wohngebiet waren, legten wir den Weg bis zu ihrem Häuschen gemeinsam zurück. Natürlich war die kleine Tochter die Hauptperson, aber es gelang mir doch, den Vater für ein kurzes Gespräch über Vornamen zu interessieren, das am Nachmittag bei ihnen stattfinden sollte.

Da ich mich in der Bibel besser auskenne, als diejenigen, die der mosaisch-christlichen Religion angehören und dafür fleißig Kirchensteuer bezahlen müssen, hatte ich keine Mühe, die Stellen zu finden, in denen über Lea und ihr Schicksal geschrieben steht.

Andererseits kenne ich aber auch die Reaktionen der Menschen, wenn man ihnen etwas frei aus dem Gedächtnis erzählt. - Wenn sie höflich sind, tun sie so, als wenn sie einem Glauben schenken, aber wenn man ihnen den Rücken zudreht, dann nehmen die Zweifel überhand.

So "bewaffnete" ich mich mit der Bibel und tanzte zur verabredeten Zeit an. Die Aufnahme, auch durch die Ehefrau, war überaus freundlich. Wir saßen gemütlich im Wohnzimmer und sprachen über dieses und jenes zum 'Anwärmen'. Als sie aber entdeckten, daß ich die Bibel auf den Tisch gelegt hatte, wurden sie mißtrauisch. Sie hielten mich doch tatsächlich für einen "Zeugen Jehovas", der eine neue Masche ausprobierte, um in die Wohnung anderer Leute zu kommen. Ich hatte meine liebe Not, die beiden von diesem gehegten Verdacht zu befreien.

"Mich interessieren tatsächlich nur die Beweggründe der Eltern für die Namensgebung ihrer Kinder! Da ich öfter an Ihrem Kindergarten vorbeigehe, höre ich dort alle möglichen und für mich auch unmögliche Namen. Und ich bin wirklich nur bei Ihnen, um Sie zu fragen, wie Sie gerade auf den Namen "Lea" gekommen sind."

Die Eltern sahen sich mit fragenden Blicken an. Sie schienen ein bißchen ratlos zu sein.

"Tja," sagte der Vater, "wie sind wir nun eigentlich auf den Namen Lea gekommen?" Dabei stierte er unentwegt seine Frau an.

"Im Grunde," sagte Frau Bormann, "liegt es daran, daß wir in der Bekanntschaft den Namen Lea hörten. Wir fanden ihn kurz und einprägsam und außerdem ist es doch ein christlicher Name. Wir sind nämlich evangelisch."

Der Ehemann schien mit seinem Blick zu bestätigen, was seine Frau gesagt hatte.

"Damit Sie mich nicht falsch verstehen: Ich gestehe jedem Menschen das Recht zu, seinen Kindern die Namen zu geben, die man für gut und passend hält. Mein persönliches Vergnügen ist einzig und allein, festzustellen, inwieweit die Namensgebung tiefere Gründe hat und ob die Eltern auch tatsächlich alle Zusammenhänge kennen, die mit einem Namen verbunden sind."

"Und was haben Sie davon, wenn wir Ihnen nun gesagt haben, wie wir auf den Namen Lea gekommen sind?" wollte Herr Bormann wissen.

"Das ist mein reines Privatvergnügen! Schon, daß Sie Lea für einen christlichen Namen halten, amüsiert mich."

"Was gibt es da zu amüsieren? Das stimmt doch!" meinte Frau Bormann selbstbewußt.

"Liebe Frau Bormann, die meisten Christen kennen ihre Bibel nicht. Lea ist ein rein jüdischer Name. Und es tut mir leid, das sagen zu müssen: Er verbindet noch nicht einmal zu einer guten Tradition. Wenn es Ihnen recht ist, will ich Ihnen die Geschichte erzählen."

Herr Bormann sah seine Frau wieder Hilfe suchend an. Dann meinte er: "Wenn Sie mehr darüber wissen als wir, dann schießen Sie man los!"

„Damit Sie einen Überblick bekommen: Esau und Jakob waren Zwillingssöhne von Isaak. Esau war der Erstgeborene, wurde aber von seinem Bruder Jakob - mit Hilfe seiner Mutter Rebekka - um das Erstgeburtsrecht be..., na sagen wir mal betrogen. Um der Wut seines Bruders zu entkommen, floh Jakob und kam so zu seinem Onkel Laban, der zwei Töchter hatte. Die ältere, Lea, war ein Ausbund von Häßlichkeit, während Rahel, die jüngere, ein ausgesprochen hübsches Mädchen war. Rahel und Jakob waren vom ersten Augenblick an ineinander "verschossen". Jakob wollte Rahel heiraten und fragte den Onkel, auf welche Weise dies geschehen könne. Der Onkel meinte, Jakob sollte sich bei ihm sieben Jahre in der Landwirtschaft und Schafzucht nützlich machen, dann könne er die hübsche Rahel als Ehefrau heimführen. Diese Art der Brautwerbung war damals wohl gang und gäbe.

Als die sieben Jahre um waren, stieg das Hochzeitsfest. Der Onkel Laban wartete bis es dunkel war, dann führte er seine Tochter ins Hochzeits-Zelt. Jakob war voller Ungeduld nicht mehr zu bremsen. Die Hochzeitsnacht wurde für ihn ein voller Erfolg. Als er allerdings am nächsten Morgen seine Frau beim Ankleiden entdeckte, fiel er vor Schreck von seinem Strohsack. Da hatte ihm der liebe Onkel Laban doch tatsächlich seine häßliche Lea als Ehefrau im wahrsten Sinne des Wortes untergejubelt!"

Bormanns sahen sich sprachlos an, bis sich Vater Bormann entrüstet an mich wandte:

"Na hören Sie mal! Unsere Tochter Lea wollen Sie mit einer häßlichen Tunte vergleichen, die der Vater nicht anders unter die Haube bringen kann, als daß er sie bei Nacht und Nebel seinem Schwiegersohn unterschiebt? Das kann doch wohl im ernst nicht die wahre Geschichte sein!"

Frau Bormann hatte bei diesen Worten mit Blicken sichtbar Beistand geleistet.

"Ich verstehe ja Ihre Erregung. Wegen dieser Vermutung habe ich die Bibel gleich mitgebracht, um Ihnen den Beweis nicht schuldig zu bleiben. Vielleicht schreiben Sie sich die Bibelstellen auf, damit Sie später nicht lange zu suchen brauchen:

Im 1. Buch Moses, Kapitel 29, Vers 17 und die nächsten Verse finden Sie folgendes: *"Aber Leas Augen waren ohne Glanz, Rahel dagegen war schön von Gestalt und von Angesicht. Und Jakob gewann Rahel lieb und sprach: Ich will dir sieben Jahre um Rahel, deiner jüngeren Tochter, dienen."*

"Aber Horst," sagte Frau Bormann, "dann hätten wir unsere Tochter lieber Rahel nennen sollen."

"Ich frage mich, warum wir nicht überhaupt einen deutschen Namen genommen haben," meinte Herr Bormann verärgert. "Aber vielleicht lesen Sie uns noch etwas mehr vor, damit wir einen besseren Überblick bekommen!"

"Beim 1. Buch Moses, Kapitel 29, Vers 22 geht es weiter: *"Da lud Laban alle Leute des Ortes ein und machte ein Hochzeitsmahl. Am Abend aber nahm er seine Tochter Lea (die häßliche!) und brachte sie zu Jakob; und er ging zu ihr ein."*

Zweifelnd sahen sich die Eheleute an. Nach einigem Nachdenken wollte es Frau Bormann ganz genau wissen: "Was heißt, 'er ging zu ihr ein'? Dann war die Lea doch schon vorher im Zelt!"

"Ach, Edeltraud, nun stell dich doch nicht so an! Das heißt ganz einfach, der Jakob hat die Lea, na du weißt schon ...! Es war eben die Hochzeitsnacht!"

Wie einen Torwart auf dem falschen Fuß erwischt, sahen sich die Eheleute wieder an. Ich aber setzte meine Bibelstunde fort:

"Am Morgen aber, siehe, da war es Lea. Und Jakob sprach zu Laban: Warum hast du mich betrogen? Laban antwortete: Halte mit dieser die Hochzeitswoche, so will ich dir die andere auch geben ... für weitere sieben Jahre. ... Jakob hielt die Hochzeitswoche. Da gab ihm Laban seine Tochter Rahel zur Frau."

Kaum hatte ich hier Schluß gemacht, legte Frau Bormann entrüstet los: "Dieser Laban ist ja wohl ein richtiger Ganove! Der verkuppelt seine beiden Töchter für vierzehn Jahre Arbeit in der Landwirtschaft?"

Meine Zuhörer schienen diese Geschichte zum erstenmal zu hören. Sie saßen gespannt da und machten den Eindruck, als wollten sie erfahren, wie die Sache ausgegangen ist. Den Gefallen wollte ich ihnen gern tun und setzte meinen Bericht fort:

"Nun saß Jakob mit zwei Frauen da. Nebenbei gesagt, jede hatte noch eine Leibmagd, die später ihre Rollen spielen. Mit Rahel, seiner geliebten Frau, schlief Jakob wohl aus Leidenschaft und zum Vergnügen; aber sie bekam keine Kinder. Und Kinder, besonders männliche, waren die Hauptsache in solcher Verbindung. Lea aber, die ungeliebte Frau, und sie blieb dies auch für alle Zeit, gebar ein Kind nach dem anderen. Ja, die häßliche Lea hatte kein gutes Los gezogen. Fürs Kinderkriegen war sie gut genug, bei der wahren Liebe und Zuneigung aber ging sie leer aus."

"Also wenn ich da an unsere Lea denke - ich kann den Namen jetzt schon nicht mehr hören!" - schaltete sich Horst Bormann aufgebracht ein, "dann bin ich der Meinung, daß wir eine Namensänderung vornehmen sollten!"

"Nun braucht unser Kind ja nicht auch gleich dieses Schicksal der armen Lea zu erleiden!" meinte Frau Bormann beschwichtigend.

"Sicher haben Sie beide recht," pflichtete ich ihnen bei. „Ich, als Beobachter, stelle nur fest, wie unbedacht doch manchmal Namen vergeben werden. Eigentlich sollte man die Auswahl ein bißchen sorgfältiger treffen, zumal ein Mensch sein ganzes Leben lang damit festgelegt ist. Denn es besteht immerhin die Möglichkeit, daß jemand über den eigentlichen Namensgeber Bescheid weiß und eine solche Situation, wie sie der Name Lea bietet, für seinen Spott ausnutzt. Das wäre dann wirklich traurig für den Namensträger."

"Herr ..., wie war doch gleich Ihr Name?"

"Krause, Hermann Krause."

"Ja, Herr Krause, ist damit alles über den Namen Lea gesagt? Oder haben Sie noch mehr auf Lager?"

"Der Vollständigkeit halber und damit Sie Ihre Bibel zumindest in diesem Teil besser kennenlernen, sollten Sie hierzu auch den Rest hören:

Die geliebte Rahel bekam also keine Kinder, wollte aber welche haben. Und die Bibel sagt im 1. Buch Moses, Kapitel 30, Vers 2 folgendes:

"Sie aber sprach (zu Jakob, ihrem Mann): Siehe, da ist meine Magd Bilha; geh zu ihr, daß sie auf meinem Schoß gebäre und ich doch durch sie zu Kindern komme. Sie gab ihm Bilha, ihre Leibmagd, zur Frau, und Jakob ging zu ihr ein."

"Na hören Sie mal," entrüstete sich Frau Bormann, "das soll tatsächlich in der "Heiligen Schrift" stehen? Das kann doch wohl nicht wahr sein! Lassen Sie mich mal sehen!"

"Bitte sehr, Frau Bormann, hier ist die Stelle! Sie können selbst nachlesen!"

Frau Bormann ließ sich die Gelegenheit nicht entgehen. Sie las still vor sich hin, schüttelte den Kopf und sagte an ihren Mann gerichtet:

"Das scheinen ja tolle Familienverhältnisse gewesen zu sein. Zum Glück hat die Lea mit diesem Kuddelmuddel nichts zu tun!"

"Leider, leider muß ich Sie enttäuschen, Frau Bormann. Das Verwirrspiel geht ja noch weiter:

Inzwischen bekam nämlich die ungeliebte Lea auch keine Kinder mehr. Lea ärgerte sich darüber, daß Rahels Magd Bilha dagegen ein Kind nach dem andern gebar. Deshalb schickte auch sie ihre Magd Silpa dem Jakob ins Bett, damit sie 'ihre' Kinder gebären sollte."

"Herr Krause," legte jetzt Herr Bormann zornig los, "also einmal will ich solch ein Märchen ja glauben, aber daß die Lea dieses

Dreiecksverhältnis noch zum Fünffachverhältnis ausgebaut hat, ist doch sehr unwahrscheinlich. Vielleicht haben Sie sich da im Text geirrt? Das hat doch alles nichts mehr mit dem "Wort Gottes" zu tun!"

"Ihre Zweifel kann ich gut verstehen. Es ist sehr vieles unglaubwürdig in der Bibel. Aber hier haben Sie Ihr "Wort Gottes". Und lesen Sie bitte laut vor, damit Ihre Frau auch überzeugt wird! Hier beim 1. Buch Moses, Kapitel 30, Vers 9 geht's los!"

Und Herr Bormann las wohl zum erstenmal in der Bibel:

"Als nun Lea sah, daß sie aufgehört hatte zu gebären, nahm sie ihre Leibmagd Silpa und gab sie Jakob zur Frau. (Herr Bormann sah seine Frau mit großen Augen an.) *Und Silpa, Leas Magd, gebar Jakob einen Sohn. Da sprach Lea: Glück zu!"*

"Zeig mal her, Horst," sagte Frau Bormann, "das muß ich selber lesen! Das ist ja nicht zu glauben!"

Herr Bormann zeigte mit dem Finger auf die zitierte Stelle und Frau Bormann brauchte ein paar Augenblicke, um mit dieser Entdeckung fertig zu werden. Dann sagte sie empört: "Hast du Töne! Und ich hab immer gedacht, in der Bibel stehen nur fromme Sprüche. Das hört sich ja an, als wenn die BILD-Zeitung über irgendwelche Hinterhofgeschichten berichtet!"

"In der Bibel haben sich schon viele getäuscht," erwiderte ich. "Wenn die Christen sich wirklich mit dem sogenannten "Wort Gottes" befassen würden, so könnte mancher aufwachen und zur Besinnung kommen. Es gibt da noch eine ganze Menge solcher und wirklich grausamer Geschichten; aber hören Sie nur, wie diese hier weiter verläuft:

Der älteste Sohn Leas, Ruben, findet Liebesäpfel und bringt sie seiner Mutter. Rahel hört davon und bittet ihre Schwester, sie ihr zu geben. Lea willigt ein, aber sie erkauft sich dafür die nächste Nacht mit ihrem gemeinsamen Ehemann Jakob. Die Aktion verläuft erfolgreich und Lea bekommt tatsächlich noch einmal ein Kind.

Nebenbei gesagt: Dieser Ruben vernaschte später eine seines Vaters Nebenfrauen. Es herrschten also lustige Familienverhältnisse.

Und um die verwandtschaftlichen Verhältnisse zu vervollständigen, bekommt Rahel doch noch ein Kind. Vielleicht haben die Liebesäpfel geholfen."

Bormanns saßen ziemlich bedeppert da.

"Hat es Ihnen die Sprache verschlagen?" fragte ich.

Herr Bormann fand als erster die Fassung: "Mir gefällt der Name Lea ganz und gar nicht mehr!"

"Mir auch nicht!", sagte Frau Bormann.

"Hat Ihre Tochter nicht noch einen zweiten Vornamen?"

"Ja, natürlich!" warf Frau Bormann ein. "Sie heißt eigentlich Lea Karin. Karin nach meiner Schwester."

"Ab sofort wird sie nur noch Karin gerufen!" bestimmte Herr Bormann. Und seine Frau nickte ihm eifrig zu. "Und außerdem werde ich mich mal eingehender mit der Bibel beschäftigen. Da stehen ja schöne Schweinereien drin!"

"Die Bibel zu lesen ist schon wegen der kleinen Schrift vielen Menschen zu umständlich. Ich empfehle Ihnen, sich ein Buch zu beschaffen, das all diese "erhebenden" Stellen in konzentrierter Form bietet. Es heißt: "Die grausame Bibel", und Sie können es in jeder Buchhandlung bestellen. Ach ja, was ich noch sagen wollte: **Lea** heißt auf deutsch **Wildkuh**!"

***

DAVID

Diesmal brauchte ich nicht lange nach den Eltern zu suchen. Ganz in meiner Nähe konnte ich öfter den etwa zehnjährigen David mit seinem Vater beobachten, wenn sie sich an ihrem Auto zu schaffen machten. So fand ich eines Tages den Vater des David an seinem Familienauto vor der Haustür stehend, und ich setzte meine Absicht sofort in die Tat um.

Ich erklärte, daß ich mich für die Namen der Kinder interessiere und besonders für die Beweggründe der Eltern, wenn sie eine Vorliebe für ausgefallene oder nichtdeutsche Vornamen zeigen. Auch über meinen intensiven Kontakt zum Kindergarten sprach ich, so daß der Nachbar langsam neugierig wurde und dies am liebsten in Gegenwart seiner Frau besprochen haben wollte. Damit kam er mir einen großen Schritt entgegen, und wir landeten in der guten Stube der Familie Oswald.

"Renate, hier ist Herr Krause aus dem Haus gleich um die Ecke. Ihr kennt euch sicher schon vom Sehen." So wurden wir offiziell bekanntgemacht. Er klärte seine Frau auch über mein Anliegen auf und fragte dann:

"Weißt du eigentlich, wie wir auf den Namen David gekommen sind?"

"Jaaa," sagte seine Frau reichlich unsicher, "ich glaube, letzten Endes hat uns unser Pfarrer darauf gebracht."

"Ja, richtig!" stimmte Herr Oswald zu. "Wir sprachen mal mit unserem Pfarrer, daß er bald ein neues Gemeindemitglied aufnehmen könnte; und er fragte, ob wir schon einen guten Namen ausgesucht hätten. So kamen wir ins Gespräch, und er schlug David vor, der doch heute ein sehr oft gehörter Vorname sei."

Ich ließ mir alles schön erzählen und unterbrach auch nicht, als ich von Frau Oswald erfuhr, wie sehr der Pfarrer auf sie eingeredet habe und den Namen David als den eines großen Königs und frommen Mannes geschildert habe. "Das hat uns so stark beeindruckt, daß wir beschlossen, unsern Sohn „David“ taufen zu lassen."

"Sind Sie mit dieser Erklärung zufrieden, Herr Krause? Mehr könnte ich Ihnen hierzu auch nicht sagen."

"Also diese Namensgeschichte ist für mich schon sehr interessant. Darf ich Sie aber fragen, ob Sie sich einmal die Mühe gemacht haben, in der Bibel nachzulesen, was für ein großer König und frommer Mann dieser David gewesen ist?"

Beide sahen sich fragend an. Schließlich sagte Herr Oswald: "Also ich hab die Bibel deswegen nicht aufgeschlagen. Wir haben zwar eine, aber ich hab noch nie da hineingesehen. Und du, Renate?"

"Nein, ich habe auch nicht nachgelesen. Ich hab mich ganz auf den Pfarrer verlassen."

"Sollte es Sie interessieren, so möchte ich Sie gern mit eigenen Worten über den biblischen David aufklären."

Das Ehepaar Oswald saß da wie in einer Sonntagsschule und sah mir auf den Mund:

"David war ein Räuberhauptmann, der mit einer Horde von vierhundert bis sechshundert Banditen durch die Lande zog, um sich vom Raub zu ernähren."

"Nun mal langsam," schaltete sich Herr Oswald einigermaßen empört ein, "wollen Sie uns auf den Arm nehmen? Wir haben Sie bisher für einen seriösen Mann gehalten. Auch Ihre Absicht, über Namen zu sprechen, hielten wir für in Ordnung. Aber Sie können uns doch nicht mit solchen Geschichten kommen!"

"Ich verstehe durchaus, daß meine Worte ein Schock für Sie sein können. Um alle Zweifel aus dem Wege zu räumen, holen Sie am besten Ihre Bibel vor. Ich werde die Beweisstelle schon finden."

Es dauerte nur eine halbe Minute, da lag die Bibel vor mir.

„Sehen Sie her! Im ersten Buch Samuel, Kapitel 23, Vers 13 steht: *"Da machte sich David auf, samt seinen Männern, etwa sechshundert, und sie zogen fort von Kegila und streiften da und dort umher."*

"Aber damit Sie sich ein richtiges Bild der Lage machen können: David hatte bereits im Dienst des wahnsinnigen Königs Saul gestanden, dessen Schwiegersohn er geworden war. Und wissen Sie auch, was er seinem Schwiegervater als Brautgeschenk bringen mußte?"

Beide sahen sich sprachlos an. Herr Oswald schüttelte unwirsch den Kopf: "Keine Ahnung! Ist denn das so wichtig? Wissen Sie es?"

"Der verrückte König Saul verlangte von seinem zukünftigen Schwiegersohn David einhundert Vorhäute der feindlichen Philister!"

Während Herr Oswald die Stirn krauszog und zu überlegen schien, ob das wohl richtig sein könnte, was er da vermutete, fragte seine Frau ganz unverblümt:

"Kann mir jemand erklären, was Vorhäute sind? Weißt du das, Helmut?" Dabei sah sie ihren Mann herausfordernd an.

"Ich würde ja darauf antworten, was ich mir darunter vorstelle, aber ich glaube, Herr Krause könnte dies übernehmen, da er sich ja sonst so gut im "Wort Gottes" auskennt."

Damit war der "Schwarze Peter" bei mir gelandet, und ich hatte mich bereits damit abgefunden, eine Erklärung möglichst volkstümlich und verständlich abzugeben.

"Nun, wir sind ja erwachsene Menschen. Und da die Bibel die Ursache solch grausamer Geschichten ist, sollte man keine Hemmungen haben, alles deutlich auszusprechen. Ich nehme an, daß Sie schon einmal von der Beschneidung der männlichen Juden gehört haben. Hierbei wird die Vorhaut am männlichen Glied abgeschnitten. Damit wird eine mögliche Verengungen der Vorhaut beseitigt, um die Nachkommenschaft sicherzustellen. Außerdem wird auch wohl eine bessere Körperpflege ermöglicht. Falls Sie genauere Einzelheiten wissen wollen, kann sich ja Ihr Mann kundig machen. Ich habe gelesen, daß irgendwo die Vorhaut Jesu als Reliquie aufbewahrt und gezeigt wird. David allerdings ging dabei aufs Ganze. Er hat die Philister nicht nur von ihrer Vorhaut befreit, sondern er schnitt diesen Männern all das ab, was die Zierde ihrer Männlichkeit darstellte. Und obgleich sein wahnsinniger Schwiegervater als Brautpreis nur hundert verlangt hatte, erfüllte David dieses Soll auf zweihundert Stück."

Oswalds saßen wie versteinert da. Er sah mir verkrampft voll in die Augen, und ich hatte den Eindruck, als stellte er sich den erlittenen Schmerz vor, während seine Frau ins Weite schaute. Gesagt hat erst mal keiner etwas. Dann faßte sich Frau Oswald ein Herz:

"Das ist ja ein richtiger Mistkerl, dieser David! Wie kann ein Mensch, dazu noch ein Mann, gegenüber seinen Geschlechtsgenossen nur so grausam sein?! Ich kann es einfach nicht glauben, daß solche Verbrechen zum "Wort Gottes" gehören. Und da wurde uns der König David als ein frommer Mann geschildert! - Und der Pfarrer? Der muß doch über diese Sachen Bescheid wissen! Wie konnte der uns das nur verheimlichen?! Oder haben Sie uns am Ende einen Bären aufgebunden, Herr Krause?"

"Aber ich bitte Sie, Frau Oswald, Sie haben doch die Möglichkeit, in Ihrer "Heiligen Schrift" alles nachzuprüfen!"

"Hören Sie mir nur auf, von der "Heiligen Schrift" zu sprechen!" sagte Frau Oswald energisch.

"Laß nur gut sein, Renate! Herr Krause sollte mir mal die Bibelstelle nennen, wo ich das finden kann!"

"Schreiben Sie mal auf: Das erste Buch Samuel, 18. Kapitel, Vers 25! Hier geht die ganze Schweinerei los!"

Frau Oswald sah ihren Mann neugierig an: "Helmut, was hast du vor?"

"Ich will unsern Pfarrer zur Rede stellen! Wie kommt dieser Kerl dazu, der doch die Bibel als sein Handwerkszeug benutzt und sie deshalb bis ins Letzte kennen muß, uns diesen Fiesling David aufzuschwatzen! Der soll mich kennenlernen!"

Ich hielt mich schön zurück, da ich sah, wie die Oswalds sich so richtig in Rage redeten.

"Weißt du was, Helmut, du solltest dem Pfarrer nicht nur den Kopf waschen, sondern ich wäre dafür, daß wir gleich aus der Kirche austreten. So kann man doch nicht mit uns umgehen! Wann sind wir schon mal in die Kirche gegangen? Doch bloß, wenn es sich um Feiern anderer Leute gehandelt hat!"

"Richtig, Renate, wir treten aus! Der soll uns kennenlernen! Außerdem sparen wir obendrein die Kirchensteuer. Das fehlt noch, daß wir solche Leute auch noch finanziell unterstützen!"

"Und was machen wir mit unserm David?“ wollte seine Frau wissen. „Nachdem ich alles von diesem Schuft weiß, kann ich den Namen „Deewitt“ schon nicht mehr hören!"

"Der Name wird sofort gestrichen. Wir werden mit dem Jungen sprechen und ihn ab sofort Frank rufen. Das ist nämlich der Name seines Patenonkels, müssen Sie wissen, Herr Krause. Er hat diesen zweiten Namen ja sowieso."

"Da sind wir Ihnen aber dankbar, Herr Krause, daß Sie uns die Augen geöffnet haben,“ sagte Herr Oswald. Und seine Frau nickte eifrig zustimmend.

"Um Ihnen die volle Wahrheit über diesen ‘sauberen’ König David zu sagen, sollten Sie noch etwas über ein paar seiner anderen Schandtaten erfahren."

"Na, da bin ich aber neugierig," meinte Frau Oswald. "Hat dieser Verbrecher noch mehr auf dem Kerbholz?"

"Und ob! Was Verbrechen anbelangt, rangiert er in der Weltgeschichte wohl an der Spitze: In den zehn Geboten steht doch: Du sollst nicht begehren deines nächsten Weib und so weiter. Und der David hatte ja geschworen, alle Gesetze getreulich zu halten.

Da kam eines Tages die schöne Abigail, die Frau des Gutsbesitzers Nabal, um der Räuberbande des David Lebensmittel zu bringen; sie wollte mit diesem Entgegenkommen einen Überfall auf Haus und Hof verhindern. David war sofort Feuer und Flamme für Abigail. Mit Drohungen, Nabal und alle seine Männer umzubringen, machte er sich Abigail gefügig. Ihr Mann Nabal soff sich vor Kummer einen an und starb. David lobte Gott dafür und nahm Abigail zur Frau. - Alles nachzulesen im ersten Buch Samuel, Kapitel 25."

"Ist denn das zu fassen!" entrüstete sich Frau Oswald. "All das steht in der Bibel? Und wir wissen nichts davon! Und wir sind so blöd, unserm Jungen einen solchen Namen zu geben!"

"Den Pfarrer kaufe ich mir!" sagte Herr Oswald voller Inbrunst.

Es herrschte eine nachdenkliche Ruhe im Zimmer. Jeder spann wohl sein eigens Garn aus diesem Bibel-Krimi. Dann ergriff ich noch einmal das Wort:

"Ich nehme doch an, daß Ihnen die Erkenntnisse über den Namensgeber Ihres Sohnes jetzt genügen. Der Ordnung halber möchte ich hinzufügen, daß das Verbrechenskonto dieses sauberen Königs David bei weitem nicht erschöpft ist. Aber ich will Sie nicht weiter damit belasten."

"Sie belasten uns keineswegs damit," wandte sich Frau Oswald an mich. "Sollten Sie uns über noch ein besonderes Verbrechen dieses Vagabunden so aus dem Gedächtnis berichten können, dann nur raus mit der Sprache! Jetzt wollen wir es wissen!"

"Da gibt es einmal die Sache mit dem Soldaten Uria. Aber die kennen Sie doch sicher!"

"Keine Ahnung!" sagte Herr Oswald. „Wer ist Uria? Was war denn mit dem los?"

"Da hatte David auf dem Dach des Nachbarhauses entdeckt, wie eine Frau namens Bathseba badete. Er sah natürlich nicht diskret zur Seite, sondern er beobachtete sie, ließ die Dame zu sich holen, und er ging mit ihr ins Bett. Da sie aber verheiratet war, wollte er ihrem Ehemann, der dem König David als Soldat diente, das zu erwartende Kind unterjubeln. David unternahm mehrere Versuche, Uria irgendwie hinters Licht zu führen, aber es klappte nicht. Zuletzt beauftragte David seinen Feldhauptmann, den Soldaten Uria dort einzusetzen, wo er die besten Aussichten hatte, im Kampf zu sterben. David hatte Erfolg damit. Uria starb tatsächlich den gewünschten Heldentod. Damit hatte David einen erfolgreichen Auftragsmord erteilt."

"Sag mal, Renate, hast du jemals erfahren, daß solche Geschichten in der Bibel stehen?"

"Also mir ist das alles neu. Wie ist es nur möglich, daß man die Christen nicht über all diese Dinge aufklärt? Wenn man uns soviel verschweigt, dann ist das doch so gut wie gelogen! Und all das soll nun zu unserer christlichen Religion gehören? Mir geht das in meinen Kopf nicht rein. Fest steht für mich, daß wir diese Religion bestimmt nicht wollen. Ich bleibe dabei: Wir treten aus der Kirche aus!"

"Ich möchte nicht, daß Sie mir blindlings glauben. Deshalb schlage ich vor, Ihnen die betreffende Stelle aus der Bibel vorzulesen. Im zweiten Buch Samuel, Kapitel 11, Vers 14 steht: *"Am andern Morgen schrieb David einen Brief an Joab (das ist sein Feldhauptmann) und sandte ihn durch Uria. Er schrieb aber in dem Brief: Stellt Uria vorne hin, wo der Kampf am härtesten ist, und zieht euch hinter ihm zurück, daß er erschlagen werde und sterbe."*

Als ich geendet hatte, sahen mich die Oswalds sprachlos an, bis er endlich kopfschüttelnd ein paar Worte fand: "Wie kann man uns nur solche Geschichten als das "Wort Gottes" verkaufen? Daß wir nicht früher dahinter gekommen sind, zeigt nur, wie leichtgläubig Menschen sein können. Man hätte uns doch vielmehr in der Weise unterrichten sollen, all das kritisch anzusehen, was uns als Religion aufgetischt wird. Aber anscheinend sehen gewisse Leute darin ein Geschäft, wenn sie ihre Mitmenschen für dumm verkaufen."

"Herr Oswald, ich will Ihnen heute nicht die ganze Bibel vorlesen, aber Sie können mir glauben, daß dies nicht alles ist, was David verbrochen hat. Übrigens, damit Sie sich ein tatsächliches Bild von ihm machen können: Im ersten Buch Samuel, Kapitel 21, Vers 14 können Sie lesen, wie er sich gegenüber Leuten aufführte, von denen er fürchtete, sie wollten ihm ans Leder: *"Und er stellte sich wahnsinnig vor ihren Augen und tobte unter ihren Händen und rannte gegen die Pforte des Tores und ließ seinen Speichel in seinen Bart fließen."*

"Igitt," sagte Frau Oswald, "das ist ja ekelhaft."

"Ich glaube, Sie haben für heute genug gehört, Frau Oswald. Aber ich sollte noch erwähnen, daß David bei seinen kriegerischen Unternehmungen weder Alte noch Frauen und Säuglinge schonte. Er ließ sie alle niedermachen. Aufschlußreich ist, daß im Laufe der Jahre so manches am Text der Bibel geschönt wurde. Hier in Ihrer Bibel-Ausgabe steht, daß David Gefangene an die eisernen Sägen und Ziegelöfen stellte. In einer früheren Ausgabe hört sich das ganz anders an: In der Ausgabe von 1951 steht, wie er mit den Einwohnern der Stadt Rabba verfuhr: *"Aber das Volk drinnen führte er heraus und legte sie unter eiserne Sägen und Zacken und eiserne Keile und verbrannte sie in Ziegelöfen. So tat er allen Städten der Kinder Ammon."*

"Hören Sie auf, Herr Krause! Das kann man ja nicht mehr anhören. Meine Frau sieht schon ganz grün aus im Gesicht. Wir wußten gar nicht, daß ein Holocoust dann ja wohl schon in der Bibel stattgefunden hat, begangen von Juden! Da muß man sich doch fragen, wer diese Greuel in die Welt gebracht hat! Und das auch noch in der Art einer Religion!"

Ich selber war tief beeindruckt von der Wirkung der Bibel-Zitate. Wir haben das unselige Thema langsam ausklingen lassen und verabredeten, daß mich Herr Oswald anrufen würde, wenn er ein Gespräch mit dem Pfarrer gehabt hat.

*

Es mögen etwa drei Monate vergangen sein, als ich den erwarteten Anruf bekam. Herr Oswald hatte dienstfrei, und ich könnte rüberkommen, was ich auch sofort tat. Leider wurde ich enttäuscht. Ich hatte gehofft, etwas über das Gespräch mit dem Pfarrer zu erfahren, aber statt dessen wurde mir gesagt, daß dieses Treffen wegen beiderseitiger Terminschwierigkeiten auf einen späteren Zeitpunkt verlegt wurde. Auf meine Frage, warum er mich denn gerufen habe, erklärte mir Herr Oswald, daß er sich gern etwas mehr auf die Unterhaltung vorbereiten möchte und was er am besten tun solle. In dem Augenblick war ich froh, daß alles noch offen war, denn ohne gründliche Vorbereitung wäre ein Erfolg fraglich gewesen. So riet ich, Herr Oswald solle nur über den Namen David sprechen und dazu benötige er eine gute Kenntnis der entsprechenden Bibelstellen.

"Am besten ist, Sie holen Ihre Bibel, damit ich Ihnen genau sagen kann, welche Stellen Sie aufmerksam lesen sollten."

Nachdem ich ein bißchen geblättert hatte, fand ich den Anfang von Davids Auftritt:

„Beim ersten Buch Samuel, Kapitel 16 sollten Sie anfangen. Davids Tod wird im ersten Buch der Könige, Kapitel 2, Vers 9 beschrieben, diese gut fünfzig Seiten sollten Sie aufmerksam lesen und kleine Randnotizen machen, damit Sie alles bei der Hand haben. Der Pfarrer könnte aber auch auf die frommen Psalmen zu sprechen kommen, die David untergeschoben werden; denn man weiß nicht einmal, ob er der Verfasser ist. Auch aus den Psalmen geht klar hervor, wie blutrünstig David gewesen sein muß. Am besten ist, Sie besorgen sich das Buch "Die grausame Bibel", denn da können Sie unter dem Stichwort Psalmen alles finden, was Sie für das Gespräch brauchen."

Herr Oswald hatte von seiner Wut über den Pfarrer noch nichts eingebüßt. So konnte ich mich beruhigt verabschieden.

*

Es hat dann wieder etwa drei, vier Monate gedauert, bis ich den nächsten Anruf von Herrn Oswald erhielt. Er habe jetzt einen Termin mit dem Pfarrer Hochgemuth bekommen, das wäre der nächste Donnerstag um 19 Uhr, aber seine Bedenken wären doch zu groß, das Gespräch allein bewältigen zu können. Langer Rede kurzer Sinn, er bat mich, ihn zum Pfarrer Hochgemuth zu begleiten. Seine Frau wollte lieber zu Hause bleiben. Selbstverständlich habe ich zugesagt.

Als wir uns zur verabredeten Zeit im Gemeindehaus der evangelischen Kirche eingefunden hatten, war unsere Enttäuschung groß. Wir wurden nämlich von einem Pfarrer Wischnewski empfangen, der seinen Amtsbruder damit entschuldigte, daß er wegen eines Todesfalles in der Familie nach Hannover habe fahren müssen. Und nun hoffe er, daß er für das Anliegen des Herrn Oswald auch werde behilflich sein können.

So standen wir ein bißchen ratlos da, bis ich als Ältester der Runde meinte:

"Herr Pfarrer Wischnewski, eigentlich handelt es sich bei diesem Gespräch um ein Problem, das besonders Ihren Herrn Kollegen betrifft, aber wir können ja auf ein Nebengleis ausweichen und versuchen, alles ins reine zu bringen. Es geht grundsätzlich um Namen, welche die Eltern ihren Kindern geben. Was halten Sie von dem Namen "David"?"

"Nun," sagte der Pfarrer, "das ist kein schlechter Name. David war ein großer König. Er führte das israelische Volk zu einer Macht, die es vorher nicht gehabt hatte. Er war auch gezwungen, hart durchzugreifen, wenn es sein mußte. Aber es geschah alles nur zum Wohle seines Volkes."

Dabei sah uns der Pfarrer abwechselnd an, aber seine Augen blieben dann mehr an mir hängen. Vielleicht, weil ich besonders aufmerksam war, oder auch ein bißchen mehr kritisch wirkte? Jedenfalls sprach er weiter:

"Der König David hat auch viele Kriege führen müssen, bei denen es oft recht rauh zuging. Aber das Wohl seines Volkes ging ihm über alles, so daß man deshalb über manches hinwegsehen kann, was nicht so war, wie es hätte sein müssen."

Da der Pfarrer wohl die Wirkung seiner Worte prüfen wollte, machte er hier eine Pause. Deshalb fragte ich ihn:

"Sagten Sie nicht am Anfang, David sei **kein schlechter** Name? Ich habe das Gefühl, daß Sie sich Ihres Urteils nicht ganz sicher sind. Sonst hätten Sie doch wohl gesagt: David ist **ein guter** Name!"

Die Antwort lag dem schlauen Pfarrer bereits auf der Zunge:

"Ich habe schon gemerkt, daß ich da ein bißchen voreilig gewesen bin. König David hat schon seine Schwächen gehabt. Wenn ich da an sein Verhalten gegenüber der Bathseba denke: das war wirklich kein guter Zug von ihm."

Jetzt zeigte sich, daß Herr Oswald seine Lektion gelernt hatte: "Na hören Sie mal, Herr Pfarrer, die Sache mit der Bathseba war doch noch ganz harmlos! Da hat der fromme König doch nur gegen eines der zehn Gebote verstoßen. Sie wissen schon, was ich meine. Aber daß er den Mann der Bathseba an die Front geschickt hat, das war doch ein perfekter Mord!"

Der Pfarrer wirkte nicht mehr so sicher wie in der Kirche, wo er seine Schäfchen fest in der Hand hat. Dort ist ja keine Diskussion möglich. Hier hatte er nun jemand gefunden, der ganz aus der Art schlug.

"Ja, Herr Oswald, was David mit dem Uria getan hat, war nicht gut."

"Na hören Sie mal, Herr Pfarrer, ist das Ihr Urteil über diesen glatten Mord? Finden Sie dafür noch eine Art Verständnis? Da enttäuschen Sie mich aber sehr!"

"Ja, ja, Sie haben recht. Was David getan hat, war Anstiftung zum Mord. Ich will da nichts beschönigen."

"Dann habe ich noch eine Frage," hakte Herr Oswald nach. "Würden Sie Ihren Sohn David nennen?"

"Nein, ich würde es schon aus dem Grunde nicht tun, weil dies heute ein Mode-Name ist, der außerdem noch "Deevid" ausgesprochen wird."

Das war nun wieder für mich das Stichwort: "Würden Sie Ihren Sohn nur aus dem Grunde nicht David nennen, weil der Name oft amerikanisiert wird?"

"Nein, nein, das ist nicht allein der Grund. Man verbindet mit einem Namen schließlich einen Menschen, und in diesem Falle wäre es der jüdische König David. Ich würde meinen Sohn nicht so taufen."

"Gut, aber wenn jetzt zu Ihnen jemand käme, ein Ehepaar, das ein Kind erwartet und das auf der Suche nach einem Namen ist: Würden Sie diesem Ehepaar dazu raten, dem Kind den Namen David zu geben?"

Herr Oswald sah neugierig den Pfarrer an. Auch ich war gespannt, was wir jetzt wohl zu hören bekommen würden.

"Wenn Sie mich so direkt fragen, und wenn ich mir die möglichen Folgen überlege, daß diese jungen Eltern sich die Bibel vornehmen und alles über David erführen, dann würde ich diesen Namensvorschlag niemals machen."

Jetzt herrschte erst einmal Ruhe. Herr Oswald schien mir "geplättet" zu sein. Und mir ging es nicht anders. Ich wollte, als im Grunde Unbeteiligter, das Gespräch zu Ende führen:

"Herr Pfarrer Wischnewski, der Familie Oswald ist etwas Ungeheuerliches zugefügt worden. Ihr Amtsbruder, Herr Hochgemuth, hat der Familie Oswald kurz vor der Geburt ihres Sohnes geraten, dem Kind den Namen David zu geben. Jetzt, da wir das Leben des so gepriesenen jüdischen Königs David überprüft haben, kommen wir zu dem Schluß, zu dem Sie inzwischen - ich möchte fast sagen: notgedrungen - auch gekommen sind: Der Name David ist wegen seiner Verbrechen und Grausamkeiten nicht der richtige Name für ein deutsches Kind. Geben Sie dies zu?"

"Ihr Urteil ist sehr hart, Herr Krause. Können wir da nicht einen Mittelweg finden? David hat doch auch seine guten Seiten gehabt. Er war im Grunde ein tief religiöser Mann, der die Nähe zu Gott spürte und die Gabe hatte, mit ihm sprechen zu können. Er befragte Gott oft, um zu hören, ob er dies oder das tun könne."

"Also Herr Pfarrer, ich weiß nicht, woher Sie Ihre Bibel haben. In meiner jedenfalls wimmelt es doch geradezu von Verbrehen, die David begangen hat. Lassen Sie mich mal in Ihre Bibel sehen, dann werde ich Ihnen dic Stellen zeigen." Damit nahm ich das "Wort Gottes" vom Tisch und schlug bei 1. Buch Samuel nach:

"Hier steht im Kapitel 27, Vers 8: *Und sooft David in das Land einfiel, ließ er weder Mann noch Frau leben.* Oder dies im 2. Buch Samuel 4, 9: *Und David gebot seinen Leuten; die schlugen sie nieder und hieben ihnen Hände und Füße ab und hängten sie auf am Teich Hebron.* Genügt Ihnen dies immer noch nicht, Herr Pfarrer?"

Herr Wischnewski machte jetzt nicht mehr den Eindruck des überlegenen Geistlichen, der gewöhnt ist, von allen respektiert zu werden. Aber er gab sich noch nicht geschlagen:

"Natürlich kenne ich diese Bibelstellen gut aus meiner Studienzeit, aber das ist schließlich nicht der Inhalt, den wir unseren Gläubigen nun dauernd vortragen müssen. Die Vorbildwirkung Davids liegt doch wo anders!"

"Womit Sie zugeben, Herr Pfarrer," sagte Herr Oswald, "daß Sie so manches von dem "gütigen" David lieber verschweigen."

Der Pfarrer schüttelte unzufrieden den Kopf, aber wir ließen ihn nicht mehr zu Wort kommen:

"Nein, Herr Pfarrer, ich habe das Gefühl, als wollten Sie in Bezug auf David nur das an Verbrechen und Grausamkeiten zugeben, was wir hier vorbringen. Sie können aber sicher sein, daß wir gut vorbereitet sind und die Stellen aus den Büchern Samuel ebensogut kennen wie Sie. David war ein Verbrecher und Mörder! Wenn er diese Schandtaten angeblich zum Wohle seines Volkes getan hat, so ist dies für uns kein Grund, ihn deshalb mit einem "blauen Auge" davonkommen zu lassen. Das können wir den Juden überlassen! Ich finde es nur empörend, wie leichtfertig die Vertreter der mosaisch-christlichen Kirche ihren Schäfchen bewußt die Unwahrheit sagen."

Der Pfarrer wollte noch etwas erwidern. Dazu gab ihm Herr Oswald keine Gelegenheit: "Aus diesem Grunde erkläre ich den Austritt meiner Familie aus der Kirche!"

"Das können Sie bei mir nicht machen, Herr Oswald," sagte der Pfarrer. "Dazu müssen Sie sich schon zum Amtsgericht bemühen."

***

ESTHER

Anfang Juni wollte ich zu meiner Tochter nach Trittau fahren; das liegt etwa dreißig Kilometer östlich von Hamburg. So saß ich, da der Zug einige Minuten Verspätung hatte, in Kassel auf einer Bank des Bahnsteigs und wartete. Meine Nachbarin war eine freundliche Dame, die so um die fünfundsechzig gewesen sein muß. Über das herrliche vorsommerliche Wetter hatten wir uns schon lobend geäußert. Plötzlich knackte es im Lautsprecher, und es wurde folgende Durchsage gemacht: "Die Schülerin Esther Langemann wird gebeten, sich sofort bei der Information zu melden."

Nach ein paar Augenblicken sagte meine mitwartende Dame: "Esther, welch wohlklingender Name! Man hört ihn jetzt häufiger. Finden Sie nicht auch, daß der Name hübsch klingt?"

Gleich danach knackte es wieder im Lautsprecher. Unser Zug nach Hamburg wurde angesagt. Wir standen beide auf, sicherten unser Gepäck und traten an die Bahnsteigkante.

Natürlich habe ich der Dame beim Einsteigen geholfen, was sie mit einem Hinweis auf gute, alte Erziehung quittierte, und es ergab sich wie von selbst, daß wir dasselbe Abteil wählten und zwei Plätze fanden, die gegenüber lagen.

Nachdem sich der Zug in Bewegung gesetzt hatte und die innere Trennung von Kassel überstanden war, kam ich selbstverständlich auf das Thema zurück, das mir doch einigermaßen am Herzen lag:

"Gnädige Frau, Sie fragten mich vorhin auf dem Bahnsteig, ob ich den Namen Esther nicht auch hübsch und klangvoll fände. Ich muß Ihnen hierauf folgendes antworten: Es kommt ganz darauf an, auf welcher Seite man steht."

"Das verstehe ich nicht! Auf welchen Seiten kann man denn da stehen?"

"Nun, ich setze voraus, daß Sie wissen, daß es sich um einen jüdischen Namen handelt."

"Ja, und? Warum sollte ein deutsches Mädchen keinen jüdischen Namen tragen?"

"Würden Sie nicht auch einen Namen mit einer Symbolfigur verbinden? Oder, um nicht gleich so hoch zu greifen: Verbindet man nicht einen Namen mit dem historischen Namensträger?"

"Ja, ja, da haben Sie recht. Ich denke, Esther ist ein biblischer Name. Nun ja, und wenn man einen biblischen Namen für sein Kind aussucht, so kann damit ja nur etwas Positives verbunden sein. Oder sind Sie anderer Meinung?"

"Die Art, wie Sie Ihre Erklärung vorbringen, gleichzeitig aber ein gewisser Zweifel mitklingt, läßt mich fragen, ob Sie die ganze Geschichte der biblischen Esther tatsächlich kennen? Oder können Sie mir so ungefähr erklären, was mit dem Namen Esther verbunden ist?"

"O Gott, es ist schon eine Weile her, seit ich im Konfirmandenunterricht war. Und auf Ihre Frage bin ich gar nicht vorbereitet. Ich weiß nur soviel, daß Esther irgendwo in der Bibel genannt wird. Was aber mit diesem Namen zusammenhängt, ist mir absolut entfallen. Sind Sie etwa Geistlicher? Ich höre an Ihrer Art und dem Tonfall, daß Sie sich da wohl besser auskennen."

"Um von vornherein alles klarzustellen: Ich bin kein Geistlicher und habe auch sonst nichts mit der Kirche zu tun. Ich interessiere mich in letzter Zeit sehr für die Vornamen, welche man heutzutage den Kindern gibt. Und wenn ich die Möglichkeit habe, gehe ich den Beweggründen nach, die zur Namensgebung geführt haben."

"Wie interessant! Dieser Esther, die vorhin auf dem Bahnsteig ausgerufen wurde, habe ich zwar den Namen nicht gegeben, aber Sie haben mich jetzt neugierig gemacht. Sie sagten nämlich auf die Frage der Beurteilung dieses Namens: Es käme darauf an, wo man stehe. Was soll das heißen?

"Nehmen wir mal an, Sie seien eine Jüdin. In dem Falle würde ich versuchen, dieses Gespräch möglichst bald zu beenden, dann hätte ich nämlich nicht die Absicht, Sie von Ihrer grundsätzlichen Einstellung abzubringen."

"Das verstehe ich nicht. Zwar bin ich wirklich keine Jüdin, aber angenommen, ich sei doch eine. Was dann?"

"Ja, was würde ich Ihnen sagen? Vielleicht dies: Gnädige Frau, selbstverständlich kennen Sie das Buch Esther in- und auswendig, und Sie werden jedes Jahr das Purimfest mit viel Radau und Belustigungen feiern. Sie halten Esthers Tat natürlich für lobenswert, während ich die Sache anders sehe. Was damals geschah, war glatter Mord, und ich würde eine solche Tat nicht des Feierns für würdig halten. Aber, bitte sehr, Sie haben Ihre Meinung und dies ist die meine. Und damit wäre das Gespräch über dieses Thema beendet."

"Sie machen mich immer neugieriger. Ich muß zugeben, daß ich keine Ahnung habe, was im Buch Esther steht. Wollen Sie mich darüber aufklären? Wenn's Ihnen nichts ausmacht!"

"Na schön, ich will's versuchen. Dazu muß ich erst einmal an meinen Koffer ran, um das Geschenk für meine Tochter vorzuholen."

Mit diesen Worten packte ich das Buch "Die grausame Bibel" aus, um meine Aufklärungsarbeit gegebenenfalls belegen zu können. Denn auswendig kann ich die ganze Bibel doch nicht hersagen. Dieses Kunststück brachte nur Esra fertig. Das ist der mit dem Supergedächtnis, der, nachdem der ganze Bibel-Text über Jahrhunderte verloren war, alles auswendig hersagte und aufschreiben ließ.

"Sie haben sicher von der sogenannten babylonischen Gefangenschaft des Volkes Israel gehört!" Die freundliche Dame nickte - wie mir schien - leicht unsicher. Deshalb beschloß ich, ohne schulmeisterliche Fragen zu stellen, die Lage von anno dazumal zu schildern:

"Ich kann Ihnen keine genauen Jahreszahlen sagen, aber so rund fünfhundert Jahre vor der Zeitrechnung wurden die Juden von dem babylonischen König Nebukadnezar besiegt und ein Teil des Volkes wurde nach Persien umgesiedelt. In der Festung Susa, einer Stadt im heutigen Iran, etwa hundert Kilometer östlich der Grenze zum Irak, lebte der Jude Mardochai, der seine Nichte Hadassa zu sich genommen hatte, weil ihre Eltern verstorben waren. - Übrigens: wissen Sie, daß der Vater von Karl Marx ebenfalls Mardochai geheißen hat?"

"Nein, das ist mir neu. Davon habe ich keine Ahnung! Ist denn das wirklich so? Sie erzählen ja interessante Sachen! Aber bitte, ich will Sie nicht unterbrechen!"

"Gut! Also bleiben wir in Babylon. Der Onkel Mardochai muß ein ausgeprägter Nationalist und Rassist gewesen sein, denn obgleich es den Juden im Laufe der Jahre in Persien gar nicht schlecht ging, war er zeit seines Lebens darauf bedacht, den Persern zu schaden. In diesem Sinne erzog er seine Nichte Hadassa. Um sich am Hofe des Königs Nebukadnezar beliebt zu machen, behauptete er eines Tages, er wisse von einer Verschwörung gegen den König. Und um allem größeres Gewicht zu verleihen, nannte er zwei Namen von Wachsoldaten, die nach dieser Verleumdung verurteilt und aufgehängt wurden.

Vorher schon hatte der persische König eine große Dummheit begangen. Er hatte im Rausch seine Frau, also die Königin Vasthi, in Verlegenheit gebracht, und die ungeschickten Ratgeber des Königs verleiteten den König dazu, seine Frau zu verstoßen.

Eine neue Königin mußte also gesucht werden, wozu aus dem ganzen Land in Frage kommende Jungfrauen für ein Jahr am Königshof für die mögliche Nachfolge vorbereitet werden sollten.

Jetzt hielt der Onkel Mardochai seine Stunde für gekommen. Unter dem Namen **Esther** schmuggelte er seine Nichte **Hadassa** unter die Königin-Aspirantinnen. Und da sie ein ausgesprochen hübsches Mädchen war, fiel die Wahl des Königs auf Esther. Weder der König noch seine Getreuen wußten, daß die neue Königin eine Jüdin war.

Heimlich hielt sie Verbindung zu ihrem Onkel, so daß alles, was Esther an Intrigen spann, mit ihrem Onkel genau abgestimmt werden konnte. Kurz und gut: Der König wurde seiner neuen Königin hörig. Er konnte ihr keinen Wunsch mehr abschlagen. Und sie wickelte ihn um den Finger.

Über einen engen Vertrauten des Königs war der Onkel Mardochai besonders verärgert. Er wollte ihn um jeden Preis beseitigt wissen. Alles wurde mit Esther abgesprochen; und bei einem großen Fest - der König hatte wieder mehr getrunken als er vertragen konnte - erbat sie sich von ihrem Mann die Erfüllung eines besonderen Wunsches. Ohne darüber nachzudenken, gewährte der König alles blindlings. Und Esther war nicht schüchtern, denn sie wünschte, daß dieser besondere Vertraute des Königs, er hieß Haman, während dieses Festes hier im Garten aufgehängt werden sollte.

Der König konnte und wollte wohl sein Wort gegenüber Esther nicht brechen; und Haman wurde vor allen Gästen sofort aufgeknüpft."

"Nein, wie grausam," sagte die Dame mit ergrimmtem Gesicht. "Solche Sachen stehen tatsächlich in der Bibel?"

Ich blätterte ein bißchen in der "Grausamen Bibel" und sagte:

"Wenn Sie dies nachprüfen wollen, so können Sie alles im Buch Esther nachlesen. Besonders unter Esther 9, Vers 11. Aber damit ist die Geschichte noch nicht beendet.

Die kaltschnäuzige und grausame Esther ließ es mit diesem Mord nicht bewenden. Der Haman hatte nämlich zehn Söhne. Auch sie wurden auf Esthers speziellen Wunsch und auf den Befehl des Königs in einer lauen Sommernacht im Garten des Königs aufgehängt."

Meine Reisebekanntschaft machte ein ungläubiges Gesicht; aber die Grausamkeit hatte sie doch gepackt. "Ich will das, was Sie mir erzählen, nicht anzweifeln, schon um nicht unhöflich zu sein. Aber Sie können sicher sein, daß ich mir zu Hause gleich die Bibel vorholen werde. Sie meinen, ich werde alles im Buch Esther finden?"

"Wie ich es Ihnen schon sagte. Schlagen Sie nur bei Esther nach, und Sie können sich an allen von der schönen Esther veranlaßten Grausamkeiten 'ergötzen'."

"Na, ergötzen ist wohl doch nicht der richtige Ausdruck für die Empfindung! Mich wundert nur, was da im "Wort Gottes" geschrieben sein soll."

"Mit dem Tod der zehn Söhne Hamans war die Mordgier aber noch längst nicht gestillt. Der gute Onkel Mardochai hatte es durch Denunziationen und Schöntuerei verstanden, sich bei Hofe beliebt, unentbehrlich, aber auch gefürchtet zu machen. Er legte dem König Befehle vor, die ganz in seinem und Esthers Sinne waren, und der König unterschrieb.

So wurden auf Esthers Wunsch und Mardochais Anordnung in einer Nacht fünfhundert Männer in der Festung Susa umgebracht, von denen man wußte, daß sie dem König ergeben waren. Der König merkte in seiner Hörigkeit zu Esther immer noch nicht, was "gespielt" wurde. So ließ er es auch geschehen, daß in einer der folgenden Mordnächte von den Juden im ganzen Lande die kaltblütig geplante Ermordung von **fünfundsiebzigtausend** Persern durchgeführt wurde."

"Aber hören Sie mal!" fuhr mich die Dame entrüstet an, „das kann doch wohl nicht stimmen! Es tut mir leid, wenn ich Ihnen das so ins Gesicht sage. Aber meine Bedenken überwiegen Ihr Erzählen. Leider haben wir hier keine Bibel zur Hand, um sofort alles nachzuprüfen." Die Dame schüttelte anhaltend den Kopf.

"Ich nehme Ihnen Ihre Zweifel gar nicht übel, gnädige Frau. Wer sollte auch schon soviel Mord und Totschlag in der Bibel vermuten. Leider kennen die meisten Christen ihre "Heilige Schrift" nicht. Sonst hätten doch viele sicher ganz anders reagiert. Sie zahlen aus Gewohnheit ihre

Kirchensteuer und kümmern sich um nichts! Aber ich hoffe, Sie hiermit überzeugen zu können:

In der "Die grausame Bibel" steht bei Esther 9, Vers 11 unter anderem: *... und sich vor ihren Feinden Ruhe zu verschaffen und töteten fünfundsiebzigtausend von ihren Feinden.* Hier, bitte, was sagen Sie jetzt?"

"Ich bin sprachlos! Und die hübsche Esther war zu all diesen Morden die Anstifterin?! Das ist ja nicht zu fassen."

"Aber genau so ist es! Und zu Ehren dieses **fünfundsiebzigtausendachthundertfachen** Mordes wird heute noch von allen Juden ein besonders großes Fest gefeiert: **Das Purimfest.** So richtig mit Freudentänzen und Lustbarkeiten von den Alten bis zu den Kindern!"

Meine Gesprächspartnerin war buchstäblich sprachlos. Sie sah zum Fenster hinaus. Dann sah sie mich wieder an. Bis sie endlich ihre Sprache wiederfand: "Wissen Sie was?" Dabei ließ sie eine lange Pause entstehen, und ich störte sie nicht in ihren Gedanken. "Ich finde den Namen Esther ausgesprochen abstoßend! Wie kann man nur, aus lauter Unbedachtsamkeit vielleicht, ein Kind mit einem solch schrecklichen Namen ins Leben schicken? Es sei denn, man steht ganz hinter diesen Morden! Aber wer tut das schon?"

"Ich bin absolut Ihrer Meinung. Die Eltern wählen wohl willkürlich irgend einen Namen für ihr Kind, ohne zu wissen, welche Verbindung sie da herstellen. Es scheint ein gleichgültiges, unbedachtes Nachäffen zu sein. Der Name ist eben eine Mode-Erscheinung geworden"

"Meine Damen und Herren," kam es über den Zuglautsprecher, "wir nähern uns Hamburg. Wir wünschen Ihnen weiterhin eine gute Reise und einen schönen Tag!"

***

SARAH

Es ist nicht jedermanns Geschmack, eine Stammkneipe zu haben, in der man regelmäßig seine Abende verbringt, statt seiner Frau zu Hause Gesellschaft zu leisten; und wenn es nur beim Fernsehen sein sollte. Aber so jede Woche einmal alte Freunde zu treffen und sich mit ihnen über dieses und jenes auszuquatschen, das hat doch seinen Reiz. Und gerade in einer Kleinstadt kann das recht anregend sein. Wo findet man sonst schon Gelegenheit, sich über Themen zu unterhalten, die nun nicht gerade lebensnotwendig sind, aber doch immerhin den Gesichtskreis der Beteiligten erweitern. Und sei es, um seinen Geist durch Training beweglich zu halten.

Unser Stammtisch steht nicht in einer Eckkneipe, wo man sein eigenes Wort nicht mehr versteht. Wir treffen uns in einem gutbürgerlichen Lokal, in dem wir eine gemütliche Ecke so gut wie gepachtet haben. Meine Freunde sind: Herbert, der Stadtamtmann, Heinz, der Buchhändler, Willi, der Schumachermeister und Johannes, der Religionslehrer. Und mich, meine verehrten Leser, kennen Sie ja bereits. Ich bin der Pensionär Hermann Krause, der Zeit hat, seine Nase in anderer Leute Probleme zu stecken.

Auch bei uns plätschert das Gespräch manchmal nur wie ein fast ausgetrocknetes Rinnsal dahin, wenn sich einer nach dem andern so nach und nach einfindet. Es sei denn, es wird dadurch lebhafter, wenn man einem eine Neuigkeit bereits ansieht, sobald er durch die Tür kommt.

Wir waren alle versammelt, aber mehr Gesprächsstoff als das miese Wetter hatte heute noch keiner finden können. Dann kam jedoch unser "Adler"-Wirt Ewald an den Tisch. Er beugte sich zu uns und verkündete eine Neuigkeit geheimnisvoll leise, aber doch so, daß ihn jeder hören konnte:

"Die Frau vom Anton Schneider erwartet ein Kind!"

"Was," sagte ich, "wie hat der das denn geschafft? Der ist ja schon so alt wie der Methusalem!"

"Ja," warf der Schuhmacher Willi ein, "dafür ist seine Frau auch um dreißig Jahre jünger. Die haben ja erst vor drei Jahren geheiratet!"

"Na, na," meinte Heinz, "dreißig Jahre jünger, das dürfte wohl nicht ganz hinhauen. Die wird beim ersten Aufkochen auch nicht gleich weich."

"Na, deshalb hat es ja wohl auch drei Jahre gedauert, bis es geklappt hat," mußte auch ich meinen Senf dazugeben. Wie heißt sie eigentlich mit Vornamen?"

Hier schien der Religionslehrer Johannes sein Stichwort gehört zu haben. Als wenn es sich um seine eigene Frau handeln würde, sagte er voller Stolz und mit Würde: "Sie hat den schönen alten biblischen Namen Sarah."

Alle sahen sich ein bißchen verdutzt in der Runde um, bis Johannes meinte, seine Stammtischgenossen weiter aufklären zu müssen: "Ja, meine Freunde, Sarah hatte Gottvertrauen, bat den Herrn um Fruchtbarkeit und gebar ihrem Mann mit neunzig Jahren einen Sohn."

Zwar hatten wir unserm Schulmeister Johannes schon lange den Zahn gezogen, seine Weisheiten allzu selbstbewußt an den Mann zu bringen, aber hier, in seinem Spezialfach, glaubte er, seine Überlegenheit wieder ausspielen zu können. Deshalb sah ich mich gezwungen, ihm einen Dämpfer zu versetzen:

"Mein lieber Freund und Kupferstecher, sei nicht so voreilig mit deinen Weisheiten! Erstens, wenn du von dem alten, schönen Namen Sarah sprichst, so stimmt nur die Hälfte daran, nämlich; daß er alt ist. Zweitens hat Sarah Gott nicht um diesen späten Nachwuchs gebeten. Im Gegenteil, Sie konnte es gar nicht glauben. Sie mußte angeblich erst von Gott davon überzeugt werden, daß sie schwanger ist. Was sagst du nun?"

"Mein lieber Hermann, ich kenne deine Abneigung gegen die christliche Religion ..."

"Du machst schon wieder einen Fehler: Meine Abneigung bezieht sich auf die mosaisch-christliche Religion! Oder willst du bestreiten, daß zu eurer Bibel auch das Alte Testament gehört?"

"Na gut, zugegeben, das Alte Testament ist der Grundpfeiler der Christlichen Religion, aber deshalb brauchst du ja nicht in allem recht zu haben, wenn du hier die Bibel kritisierst," sagte der Religionslehrer Johannes.

"Ich will mich gern belehren lassen, aber dazu mußt du mir erst das Gegenteil von dem beweisen, was ich behauptet habe und mir die Bibelstellen zeigen, die mir unrecht geben!"

"Warum soll Sarah aber nicht ein schöner Name sein, wie es Johannes behauptet," wollte Willi wissen.

"Na, Herr Lehrer, willst **du** nicht antworten? Hier hast du die Chance, deine Bibelweisheit zu belegen, und du kannst dem Hermann gleich eins überbraten," meinte Heinz, unser Buchhändler.

"Sarah war die Frau Abrahams. Abraham war ein Mann, der allzeit ein gottgefälliges Leben geführt hat. Er war ein frommer Mann! Und Sarah war ihm eine treue Ehefrau, und sie vertraute ebenfalls auf Gott. Und deshalb meine ich, ist Sarah auch ein schöner Name."

"Herr Lehrer, du sagst uns wieder nur die Hälfte." ... Hier wollte Johannes mich als seinen Kontrahenten unterbrechen, aber ich wehrte mich: "Laß mich aussprechen! Pfarrer und Religionslehrer sagen nur in soweit die Wahrheit bezüglich religiöser Fragen, als sie meinen, dem Gesprächspartner fehle hier und da das Wissen. So frage ich dich, ob Abraham und Sarah immer so geheißen haben. Bitte, sag was!"

Alle sahen Johannes an und warteten auf seine Antwort.

"Was soll das damit zu tun haben, daß Sarah ein schöner Name ist, der, nomen est omen, der späteren Trägerin alle Ehre macht? Aber ich will deine Frage beantworten: Anfangs haben die beiden Abram und Sarai geheißen. Und wen stört die Namensänderung?"

"Und warum haben sie ihre Namen geändert?" wollte Heinz wissen.

"Gott hat ihnen diese Änderung befohlen," sagte Johannes.

"Das ist doch eine völlig unverständliche Sache, wenn Gott vor zigtausend Jahren irgend welchen Menschen etwas befohlen oder gesagt haben soll. Wie kommt es nur, daß heutzutage nie mehr sowas geschieht? Johannes, da bist du gefragt!"

"Warum Gott heute nicht mehr mit dem Menschen spricht, muß wohl an den Menschen liegen. Es fehlt ihnen die Verbindung zu Gott!"

"Also, Johannes, wenn du schon so etwas sagst, dann ist das doch ein richtiges Armutszeugnis für die jüdisch-christliche Religion und ihre hauptamtlichen Vertreter," mußte ich kontern.

"Nun laßt uns doch endlich wieder auf den Namen Sarah kommen," beharrte Herbert. "Schreibt man ihn eigentlich mit oder ohne "h" am Ende?"

"Das ist völlig wurscht," meinte Heinz, "ich glaube, es kommt darauf an, was man dem Standesbeamten sagt."

"Ich bin immer noch nicht darüber aufgeklärt, ob dieser Name nun ein schöner Name ist oder nicht. Wer kann dazu noch etwas sagen? Du vielleicht, Heinz?" wollte Willi wissen.

"Ich habe keinen Religionsunterricht gehabt," wimmelte Heinz alles ab. "Aber ich bleibe neugierig!"

"Ich habe schon alles gesagt," meldete sich Johannes. "Vielleicht weiß unser Schlaumeier Hermann mehr zu berichten."

"Typisch für einen Religionslehrer!" reagierte ich. "Bloß nicht die Katze aus dem Sack lassen. Nur fromme Sprüche klopfen! Wenn es aber um die Wahrheit geht - soweit man bei der Bibel überhaupt von Wahrheit sprechen kann - dann bleibt unser geistlicher Herr schön bedeckt. Erst mal raushören, wer was weiß!

Für mich war Sarah ein Flittchen. Nicht nur das, sie hat sich mit Hilfe ihres Mannes Abraham prostituiert." - Hier wollte sich Johannes wehren, aber ich ließ ihn nicht zu Wort kommen. - "Johannes, du hast vorher nichts weiter sagen wollen, dann wirst du jetzt auch solange deinen Schnabel halten, bis ich meine Geschichte beendet und den Beweis erbracht habe. Das war nämlich so:

Abraham ging als 'Wirtschaftsasylant' nach Ägypten. Dort angekommen, hatte er seiner Sarah eingeschärft, sie wollten nicht sagen, daß sie Mann und Frau wären ..."

"Wer wollte nicht sagen, daß sie Mann und Frau sind," wollte Hannelore, die Frau des Adler-Wirts wissen, die sich aufmerksam horchend am Tisch niedergelassen hatte. Sie wurde dürftig aufgeklärt.

"Also, sie wollten so tun, als wenn sie Geschwister wären. Und könnt ihr euch denken, was dabei herauskam, wenn man dazu noch erfährt, daß die Sarah eine sehr ansehnliche Frau war?"

Die Tischrunde lauschte abwartend, während Johannes ein süßsaures Gesicht machte. „Die liebe Frau des frommen Abraham ging auf den Strich der gehobenen Klasse, denn sie wanderte durch die Betten des Pharao und seiner Getreuen," schloß ich hier meinen biblischen Bericht ab.

"Wie," sagte Hannelore, "da ist die Sarah ja eine richtige Edelnutte geworden? Igittigitt! He, Johannes, was sagst du denn dazu?"

"Ihr seht das alles etwas eng! Abraham hatte Angst, man würde ihm etwas antun, wenn er sagte, daß diese schöne Frau mit dem klangvollen Namen Sarah seine Ehefrau sei. Allein deshalb wollten sie sich als Geschwister ausgeben."

"Nun raus mit der Sprache!" forderte Willi. "Ging sie nun durch die Betten der herrschenden Klasse oder nicht?"

Johannes sah mich zaghaft an, und ich forderte ihn mit einer Geste auf, möglichst unzweideutig zu antworten.

"Na gut, Sarah wurde die Geliebte des Pharaos und wohl auch seiner Minister, oder wie man diese Leute genannt hat. Aber man sollte doch nicht die Zeiten vergessen. Damals herrschten eben andere Sitten."

"Also, Johannes, so kommst du mir nicht davon! Der Abraham war der Lude seiner Frau! Er ließ sich für die Dienste seiner Frau fürstlich entlöhnen. In Naturalien! Und weil alles so gut geklappt hat, haben die beiden diesen Trick später wieder mal angewendet und dabei hat Abraham sogar Bares kassiert. Und was nun an dem Namen Sarah schön und gut sein soll, der sollte mir das bitte mal erklären!"

Johannes schüttelte den Kopf, aber er war nicht dazu zu bewegen, seine offensichtlich andere Meinung zu vertreten. Deshalb nahm ich noch einmal das Wort:

"Die Sarah hat es faustdick hinter den Ohren gehabt. Ihrem fast hundertjährigen Mann wollte sie einreden, daß ihr Gott geflüstert habe, sie würde mit neunzig noch ein Kind bekommen. Abraham konnte es nicht glauben. Aber Sarah hatte den Juden-Gott Jaweh auf ihrer Seite, der dann dafür sorgte, daß der olle Abraham alles schluckte. Eigenartigerweise waren zu der Zeit ein paar Männer als Gäste bei Abraham und Sarah, die Sarah "sehen wollten". Na ja, wie man das "Sehen-Wollen" übersetzen kann, überlasse ich jedem Bibelleser selbst. Jedenfalls soll die Sarah ein Jahr später tatsächlich ein Kind bekommen haben; den Isaak."

"Igittigitt, ließ sich Hannelore wieder hören. Komm Ewald, das ist nichts für deine Ohren. Du wirst mir hier noch verdorben!"

Ewald, die nächste Runde Pils geht auf mich. Und dem Johannes bringst du einen doppelten Cognac, damit er den Schmerz besser überwindet!" rief ich dem Wirt hinterher.

***

JUDITH

Nein, nein, dieser Abend im "Adler" war noch lange nicht zu Ende. Nachdem wir unsere Kehlen frisch geölt hatten, hatte Willi eine Frage auf dem Herzen:

"Also von der frommen Sarah haben wir ja nun schöne Sachen gehört. Mir hat schon mal jemand erzählt, daß im Alten Testament eine Menge Schweinereien vorkommen. Sind denn damals alle Weiber auf den Strich gegangen? In meinem Hause wohnt eine junge Familie, deren Tochter Judith getauft wurde. Ist nun deren Vorbild auch so ein Flittchen gewesen? Lehrer Johannes, du solltest das doch eigentlich wissen!"

Unser Freund reagierte nicht. Dafür fiel mir eine besondere Merkwürdigkeit auf, die niemand zu beachten schien: „Das mal vorweg, bevor unser Lehrer seine Predigt beginnt: Judith ist ein **jüdischer** Name. Du erzählst, die nichtjüdischen Eltern hätten das Mädchen auf diesen Namen **taufen** lassen. Das ist doch in sich ein Widerspruch! Juden werden **nicht** getauft! Wenn sich ein Jude taufen läßt, wird er von seinen Blutsbrüdern verstoßen! Die verblödeten Deutschen sind in ihrer Dummheit wirklich nicht zu übertreffen! Wann werden sie endlich begreifen, wie sehr sie sich unterwürfig gebärden? - Aber, Johannes, jetzt bist Du gefragt!“

Johannes schien der Ton der Fragestellung nicht zu gefallen. Jeder in dieser Runde wußte doch, daß er schon allein aus Berufsgründen die Kante der jüdisch-christlichen Religion halten mußte. Wer für Geld alles tut, was gegen Wahrheit und Überzeugung spricht, prostituiert sich selber!

"Du sagst ja gar nichts, Johannes" meinte Heinz, der Buchhändler. "Traust du dich nicht, oder hast du auch im Religionsunterricht gefehlt?"

Alles lachte schallend.

"Zier dich nicht, Johannes, du bist mit deinen Spezialkenntnissen gefragt!" ermunterte ich ihn.

"Das hat nichts mit Zieren zu tun," meinte Johannes. "Es ist nur so, daß das "Wort Gottes" nicht in allen Ausgaben auch das Buch Judith enthält."

"Was, das "Wort Gottes" gibt es in verschiedenen Ausgaben?" wollte Willi wissen. "Ich denke, das "Wort Gottes" ist das "Wort Gottes", und das sollte doch überall gleich und dasselbe sein! Johannes, laß uns nicht solange auf dem Trocknen sitzen. Du als Religionslehrer mußt uns doch am besten darüber aufklären können!"

"Liebe Leute, das ist eine lange Geschichte. Was das "Wort Gottes" sein sollte und was nicht, wurde auf einem Konzil beschlossen."

Nun ging ein Ringsumfragen an Johannes los, so daß er gar nicht mitkam, alles erklärend zu beantworten.

"Was heißt hier Konzil?“ fragte Willi.

"Konzil ist eine Kirchenversammlung der katholischen Kirche. Bei den Protestanten heißt diese Einrichtung Synode."

"Ich denke, du bist evangelisch, warum dann Konzil?"

"Dieses Konzil fand zur Zeit des Kaisers Konstantin statt, so um das Jahr 330. Damals gab es nur die katholische Kirche, keine evangelische."

"Wenn es dir recht ist, Johannes, dann nennen wir den Ort und die Jahreszahl auch ganz genau: Es war im Jahre 325 zu Nicäa. So, nun kannst du weiter erzählen."

"Hermann, wenn du deinen Senf nicht dazugeben kannst, dann ist dir nicht wohl, was?!"

"Nur der Ordnung halber! Ihr geistlichen Herren seid mir immer zu sparsam mit der Genauigkeit und mit der Wahrheit," antwortete ich.

"Daß du das Sticheln doch nicht lassen kannst!“ meine Johannes.

"Das steigert die Lebendigkeit eines Gesprächs!“

"Könnt ihr denn nicht endlich euren Privatkrieg beenden?! Schließlich wollen wir hören, was da eigentlich mit dem "Wort Gottes" geschehen ist." Willi wollte wohl sein in der Schule Versäumtes nachholen.

"Um es nochmal zu sagen: Im Jahre 325 wurde auf dem Konzil zu Nicäa von den Bischöfen beschlossen, was in Zukunft als kanonisiertes "Wort Gottes" zu gelten habe."

"Mensch, Johannes, kannst du dich nicht mal etwas weniger geschwollen ausdrücken! Was heißt hier kanonisiert und wo ist Nicäa?" nörgelte Willi wieder.

"Das heißt ganz einfach, es wurde festgelegt, welche Bücher in Zukunft als "Wort Gottes" gelten sollten und welche nicht. Und Nicäa ist eine antike Stadt, die an der Südküste der Türkei liegt. Zufrieden?"

"Wie," schaltete sich Herbert, der Stadtamtmann ein, "die Bischöfe haben demokratisch darüber abgestimmt, was der liebe Gott in der „Heiligen Schrift“ von sich gegeben hat? Das kann doch wohl nicht dein Ernst sein, Johannes!"

"Natürlich haben es sich die Bischöfe nicht ganz so einfach gemacht, wie es sich jetzt anhört. Es wurde schon tüchtig darüber debattiert, denn es gab ja eine Menge von geistlichen Schriften, die man zur "Heiligen Schrift" zählte."

"Ich denke, "Gottes Wort", wie es in der Bibel steht, kann man nicht in Diskussionen wegreden oder dazureden!?" fragte Heinz kopfschüttelnd.

"Zugegeben, es war kein leichter Weg, darüber zu entscheiden, was als echt galt und was als unecht gelten sollte."

"Also das will in meinen kleinen Kopf nicht rein. Wie würdest du denn entscheiden wollen, was "Gottes Wort" ist und was nicht, Johannes?"

"Ihr könnt mir glauben, daß das ein ganz schwieriger Prozeß war. Aber wir wissen, daß sich die Bischöfe letzten Endes doch einigen konnten. Und damit war das "Wort Gottes" für alle Zeiten gesichert."

"Johannes", sagte ich, "übernimm dich nicht!. Erzähl uns doch mal, auf welche Weise man sich über das angebliche "Wort Gottes" geeinigt hat. Oder genierst du dich, darüber sprechen zu müssen?"

"Da brauche ich mich gar nicht zu genieren: Man hat eine ganze Nacht gebetet und das Ergebnis führte dann zur Kanonisierung der "Heiligen Schrift"."

"Hört euch nur diese verschwommene Ausdrucksweise an, Leute. Der Johannes schämt sich doch tatsächlich dieses fragwürdigen Ergebnisses von Nicäa. Sonst würde er uns klar und deutlich sagen, was damals geschehen ist und wie die ganze Sache lief."

Alle sahen Johannes an, der durchaus keinen sicheren Eindruck machte. Wahrscheinlich hätte er etwas darum gegeben, sich jetzt unsichtbar zu machen, ohne daß es jemand gemerkt hätte. Aber so billig wollten die Freunde ihn hier nicht rauskommen lassen.

"Nun, Johannes, ziere dich nicht und sag uns die Wahrheit! Wir sind ganz Ohr", munterte Heinz ihn auf.

"Es tut mir leid, euch nicht mehr darüber aufklären zu können, was sich im einzelnen in Nicäa abgespielt hat. Uns wurde im Seminar nur gesagt, daß ausgiebige Gebete dazu geführt hätten, die verschiedenen Bücher der Bibel zu kanonisieren."

"Ich seh's schon kommen. Ich muß unserm geistlichen Stammtischbruder wieder auf die Sprünge helfen. Ich will sogar gelten lassen, daß er über den wahren Sachverhalt nichts erfahren hat. Denn das Hinterfragen ist bei allen religiösen Organisationen schon fast eine

Gotteslästerung. Deshalb schlucken die angehenden Kleriker alles, was ihnen an Unlogischem und Geheimnisvollem geboten wird. Die Sache lief in Nicäa ganz einfach: Man legte alle zur Debatte stehenden Bücher unter den Altar, betete die Nacht hindurch und fand diejenigen Bücher, die von jetzt an das "Wort Gottes" beinhalten sollten, am nächsten Morgen auf dem Altar liegen. So einfach war das!" klärte ich meine Stammtischfreunde auf!

"Laß den Quatsch!" sagte Herbert. "Wir wollen nun wirklich wissen, wie das damals war. Wenn du das tatsächlich wissen solltest, Hermann, dann nimm uns nicht länger auf den Arm! Wir kennen doch deine Neigung dazu."

"Also ich verstehe deine Zweifel nicht. Damit würdest du ja den Kirchenmännern zutrauen, nicht die Wahrheit zu sagen! Das ist tatsächlich der wahre Sachverhalt! Man legte alle Bücher **unter** den Altar, betete die Nacht über und fand einen Teil der Schriften am nächsten Morgen **auf** dem Altar liegen."

"Ja, und wie sind sie denn hier raufgekommen?" wollte Ewald, der Adler-Wirt, wissen?

"Na, die sind da ohne Anlauf einfach raufgehopst!" sagte mit kräftiger Betonung Willi. "Das kann doch nur so gewesen sein!"

"Sofern man nicht irgendeinen wahrheitsliebenden Bischof verdächtigen will, gemogelt und gemauschelt zu haben, um dem ewigen Streit endlich ein Ende zu bereiten," meinte ich beschwichtigend.

"Aber das wäre doch ein kompletter Schwindel auf der ganzen Linie," beharrte Herbert.

Johannes saß da und schüttelte den Kopf. Aber er tat es nicht überzeugend. Und er machte auch keinen Versuch, dieses Ergebnis der Auswahl der "Heiligen Schrift" anders zu deuten.

"Das hört sich alles an, wie die Geschichte vom Klapperstorch," meinte Hannelore trocken. "Der Johannes wollte uns doch etwas über die Judith erzählen. Wie ist das nun, Johannes, willst du oder willst du nicht?"

"So ist das immer mit euch! Erst wollt ihr etwas wissen, und wenn ich dann alles Notwendige dazu erkläre, kommt ihr vom Hundertsten ins Tausendste. Das Buch Judith gibt es nämlich gar nicht in der Bibel ..."

"Nun mal langsam, Johannes," sagte ich. "Ich habe zu Hause eine Bibel von 1899, und da ist das Buch Judith doch aufgeführt."

"Sieh an, der schlaue Hermann findet in seiner Bibel das Buch Judith und weiß nicht einmal, daß dieses Buch apokryphisch ist und da gar nicht reingehört. Jetzt fehlen dir die Worte, was?“ sagte Johannes überlegen.

Alle sahen mich an, auch unser Stammtisch-Bruder Johannes. Und unser Willi wollte es wieder ganz genau wissen: "Was heißt hier apokryphisch oder wie das heißt?"

"Als apokryphisch gelten solche Bücher, die wohl zur Bibel gehören, aber nicht kanonisch, also nicht als "Wort Gottes" anerkannt sind," sagte Johannes.

"Verstehst du das, Hermann?" wollte Willi wissen.

"Es ist schon so, wie Johannes es sagt. Da findet man in der Bibel, die das "Wort Gottes" sein soll, auch solche Bücher, die eben doch nicht so ganz das "Wort Gottes" sein sollen. Andererseits werden diese nicht voll anerkannten Bücher aber zur Vervollständigung und Erläuterung der jüdisch-christlichen Religionsgeschichte herangezogen. Wenn ihr mich fragt, so sind sie eben nur ein bißchen "Gottes Wort", wenn ihr versteht, was ich damit sagen will."

"Das scheint mir ja alles eine ziemlich fragwürdige Sache zu sein mit dem "Wort Gottes", meldete sich Hannelore. "Aber egal, wie es sich verhält: Gibt es nun ein Buch Judith irgendwo? - Johannes, du bist dran!"

"Natürlich gibt es das Buch Judith. Es ist nur nicht kanonisch."

"Laßt doch mal die Spielerei mit kanonisch und apokryphisch! Ich will wissen, was mit dieser Judith losgewesen ist?" wollte Heinz wissen. "Damit wir endlich mal zur Sache kommen."

Alle Blicke vereinigten sich wieder bei Johannes, der sich veranlaßte fühlte, Auskunft zu geben: "Die biblische Judith war eine Heldin des israelischen Volkes. Die Stadt, in der sie wohnte, wurde von einem König Nebukadnezar belagert. Sein Feldhauptmann Solofernes hatte gedroht, alle Menschen umzubringen, die in dieser Stadt lebten. Judith hat sich daraufhin aus der Stadt geschlichen, kam bis ins Lager des Feldhauptmanns und tötete diesen, so daß danach alle Belagerer vor Schreck flohen und die Stadt mit ihren Bewohnern gerettet war."

Man merkte mir wohl an, schon während Johannes sprach, daß ich mit dieser Auslegung nicht ganz einverstanden war. Und so legte ich los:

"Johannes, das ist doch der übliche Quatsch, wie ein Pfarrer die Bibel auslegt. Soweit ist dein Märchen richtig: Nebukadnezars Feldhauptmann belagerte die Stadt, aber er hatte den Menschen dort eine rücksichtsvolle

Behandlung zugesagt, wenn sie sich ergeben würden. Darauf gingen die Belagerten aber nicht ein. Judith, eine Frau, die seit drei Jahren Witwe war, legte ihre Witwentracht ab und machte sich schick wie eine, die auf den Strich gehen wollte. So kam sie - mit ihrer Leibmagd - ins Lager des Feldhauptmanns Holofernes, der sie auch empfing. Er wunderte sich, was sie in dieser Aufmachung bei ihm im Lager wollte. Sie sagte, daß sie vorhabe, ihre Stadt zu verraten und sie wolle ihm sagen, wo er am besten angreifen könne. Und da die Judith alle Register des Männerfangs verstand, hatte sie Erfolg. Sie brachte Holofernes dazu, sie in sein Zelt einzuladen und eine Fete mit allen raffinierten Sexeinlagen zu veranstalten. Natürlich wurde dabei auch ordentlich gebechert. Als Holofernes von all den Strapazen ermüdet und eingeschlafen war, nahm Judith das Schwert des Holofernes und schlug ihm damit den Kopf ab. Es klappte nicht ganz mit einem Hieb. Sie hat dann den Kopf schön ordentlich und fachmännisch abgeschnitten. Diesen Kopf steckte sie ihrer Leibmagd in einen Sack, damit sie selber beim Verlassen des Lagers und der möglichen Entdeckung ungeschoren blieb. Sollte dieser Trick aber mißlingen, wäre ihre Leibmagd drangewesen. Sie war also ein ganz durchtriebenes, rücksichtsloses Luder. Ohne Schwierigkeiten kamen die beiden Weiber an den Wachen vorbei. In der Stadt angekommen, langte Judith in den Sack und hob triumphierend den Kopf des Holofernes an den Haaren heraus und zeigte ihn allen Leuten. Es stimmt allerdings, daß die Belagerer durch den Verlust ihres Feldhauptmanns verunsichert waren und deshalb abzogen."

"Dann ist die Judith ja so etwas wie ein Flintenweib gewesen," sagte Ewald. "Heutzutage sind solche Aktionen wohl nicht mehr möglich. Aber wir haben in Rußland Partisanenweiber erlebt, die ähnlich 'gearbeitet' haben. Obgleich dies nach der Haager Landkriegsordnung international nicht erlaubt war. Aber **gegen** Deutschland war eben doch alles erlaubt. Da soll sich noch einer auskennen."

"Na, dann wollen wir mal einen Schluck auf unsere Aufklärer Johannes und Hermann nehmen; aber das Partisanenweib Judith schließen wir lieber aus," sagte Willi.

***

LUKAS

Eines Tages erschien ein Mann von etwa vierzig Jahren bei mir. Das heißt, er hatte vorher angerufen und höflich gefragt, ob er mich zu einem kurzen Gespräch besuchen dürfe. Da ich einerseits keineswegs ohne Arbeit, andererseits für neue Bekanntschaften immer zu haben bin, stimmte ich grundsätzlich zu, fragte aber nach dem Grund seiner Absicht. - Er habe gehört, daß ich mich für Vornamen interessieren würde. Nach diesem Stichwort stand einem Besuch am Ende der Woche nichts mehr im Wege.

Sein äußerer Eindruck war mir sympathisch. Ein freundliches Gesicht, saubere Garderobe, nicht besonders herausgemacht. Man konnte ihm zur Begrüßung die Hand reichen, ohne das Gefühl zu haben, sich sofort die Hände waschen zu müssen. Meine Frau und ich sind da ein bißchen pingelig. Jeder hat eben seine Eigenheiten. - Ach ja, das sollte ich erwähnen: Der Beruf eines Besuchers entscheidet bei uns nicht im entferntesten über die mögliche Qualität eines Menschen. Er erzählte, ohne danach gefragt zu werden, er sei Fernfahrer, habe also nur eingeschränkte Zeit für ein Treffen. Auch dies ist eine Lebenserfahrung. Ich selber habe einmal als Schuhputzer angefangen und später als 'Schmiermaxe' auf einem Flugplatz gearbeitet, um meine Berufsausbildung zu verdienen.

Die Aufklärung des 'jungen' Mannes - bei meinem Alter ist das immer relativ - sah so aus: Sein Sohn war an einem Tag, als der Pfarrer Konfirmationsunterricht abhielt, 14 Jahre alt geworden. Alle Schüler wußten von diesem Geburtstag, so daß auch der Pfarrer sofort ins Bild gesetzt wurde, als er das Klassenzimmer betrat. Für ihn war damit ein willkommener Anlaß gegeben, über den Evangelisten Lukas zu sprechen.

„Überaus stolz kam unser Lukas nach Hause und klärte uns darüber auf, welch ein Vorbild und berühmter Mann sein Namens-Vetter sei. Er war sogar ein bißchen verschnupft, weil wir, seine Eltern, mit ihm nie darüber gesprochen hatten. Deshalb saßen wir ziemlich bedeppert da, als er uns die 'Leviten' las," sagte abschließend mein Gast.

„Ja," bestätigte ich sein trauriges Erlebnis, „nun kommen Sie zu mir. Welche Absicht verbinden Sie damit? Ihr Sohn heißt nun mal Lukas! Was erwarten Sie von mir? Wenn Sie irgendwelche Zweifel haben sollten oder mehr über den ‘Evangelisten’ wissen wollen, müssen Sie schon die Bibel lesen.“

„Sehen Sie, ich bin Fernfahrer. Ich sitze viele Stunden am Steuer, komme meistens hundemüde nach Hause. Da fehlt mir der Schwung, die Bibel vorzuholen. Und da habe ich gedacht, wenn Sie so gut über Namen und die Bibel Bescheid wissen, dann könnten Sie mir das alles in kurzer Zeit erzählen, wozu ich sonst sicher Tage brauchte, um alles nachzulesen und zu begreifen. Und nun frage ich Sie eben mal: Können Sie mir da nicht ein bißchen Nachhilfeunterricht geben?“

„Ich habe zwar ein paar Bibeln und auch einen Computer, aber ich bin nicht selber einer. Ich habe nicht alles im Kopf! Ich kann höchsten sagen, wo dies oder jenes zu finden ist. Sie müßten beim Evangelium Lukas anfangen, dann zur Apostelgeschichte des Lukas übergehen. Aber im Vorwort, sozusagen, könnten Sie sich vergewissern, wie sich die Theologen bemühen, über eine absolut unklare Sache zur theologischen ‘Klarheit’ zu kommen. Das kann man eben nur erreichen, wenn man mit Hilfe von Engeln aus Märchen eine Religion zimmert, bei der nichts auf Wahrheitsgehalt geprüft zu werden braucht, sondern eben alles nur **geglaubt** werden muß. So einfach ist das Rezept!

Im übrigen müßte ich selber erst danach suchen. Diese ganze Arbeit kann ich Ihnen doch nicht abnehmen! Schließlich bin ich kein Helfer in Bibel-Fragen.“

„Ja, ich verstehe Sie ja, aber sehen Sie, das sind für mich doch alles ‘bömische Dörfer’, das mit der Bibel. Sie sind doch der Fachmann! Und wenn ich mich, wie jetzt, mit Ihnen darüber unterhalte, dann wird mir schon manches verständlicher. Und interessant ist es für mich außerdem. Auch bin ich dann dem Pfarrer nicht mehr so ausgeliefert. Wenn ich den frage, bekomme ich doch nur das zu hören, wie er es ganz in seinem Sinn auslegen wird. Ich möchte einfach nicht mehr wie ein Ochse vorm Scheunentor stehen. Ich will Fragen stellen, die ein Pfarrer aber gar nicht zur Kenntnis nehmen würde. Und Sie wissen doch über alles Bescheid. Vielleicht dauert es auch gar nicht so lange. Sehen Sie, mein Lukas erzählt nämlich, daß der Lukas aus der Bibel ein sehr frommer Mann gewesen sei. Er soll sogar Jesus gekannt haben. Und daß immer wieder irgendwelche Engel dem Lukas geholfen hätten. Meine Frau und ich fürchten fast, der Junge könnte da ein bißchen durchdrehen, ein religiöser Spinner werden. Einer wie die Zeugen Jehovas. Das ist nämlich unsere Sorge! Sie könnten uns helfen, wenn Sie uns über alles aufklären, damit wir auch mit unserm Sohn darüber reden können. Was ist also los mit diesem sagenhaften Lukas?"

„Erwarten Sie von mir, daß ich mit Ihnen eine Bibelstunde abhalte?"

„Ja, - oder so ungefähr! Ich will ja bloß wissen, was an diesem Lukas Wahrheit ist!"

„Gut! Sie sprachen eben vom 'sagenhaften' Lukas. Damit haben Sie den Nagel auf den Kopf getroffen. Alles ist sagenhaft! Die ganze Bibel! Nichts beruht auf Echtheit und Wahrheit. Bleiben wir nur beim Neuen Testament! Nichts ist schriftlich überliefert! Alles beruht auf Hören-Sagen. Die ersten Aufzeichnungen, so vermutet man, sind erst hundert bis dreihundert Jahre später vorgenommen worden. Es existieren keinerlei Handschriften aus jener Zeit, die unmittelbar mit Jesus zusammenhängen. Was vorhanden ist, sind Abschriften von Abschriften. Und daß an den Abschriften manipuliert und hinzugedichtet wurde, geben sogar die Kirchen zu!

Aber kommen wir gleich auf den sagenhaften Lukas zu sprechen: Wenn Sie sich eine Bibel von 1993 besorgen, die bei Herder erschienen ist und von der katholischen und evangelischen Kirche gemeinsam herausgegeben wurde, dann finden Sie dort schon all die Märchen **über** und angeblich auch **von** Lukas. Wenn Sie das wirre Zeug lesen, können Sie ganz von selbst zu Ihren eigenen klaren Erkenntnissen über die Unklarheiten der Bibel kommen. Die Kirchen scheinen davon auszugehen, daß kaum einer ihrer Anhänger die Bibel liest. Und wenn schon jemand seine Nase da hineinsteckt, dann wird er meistens vor lauter Ehrfurcht gar keine Zweifel aufkommen lassen. Sie selber bestätigen meine Feststellung; allerdings mit dem bedeutenden Unterschied, daß Sie den Weg zu mir unternehmen, um wirklich nach der Wahrheit zu forschen. - Aber das tun leider eben nur sehr wenige.

Der Lukas aus der Bibel ist für mich ein religiöser Spinner, wie es sie heute noch gibt. Diese Leute sind bereit, nicht nur blindlings alles zu glauben, sondern sie sind sogar bereit, selber mitzuspinnen. Das können Sie durch solche Menschen bestätigt bekommen, die minutenlang in die Sonne starren und erklären, sie hätten die Jungfrau Maria gesehen.

Diese eben erwähnte Bereitschaft zur religiösen Träumerei finden Sie unter anderem im 'Evangelium nach Lukas'. Er erzählt einfach einen haarsträubenden Unsinn nach, den sich andere religiöse Schwachköpfe aus den Fingern gesogen haben. Mehrfach spielen Engel darin die Hauptrolle. Nicht nur von der Ankündigung der Geburt Jesu durch einen Engel bei Maria berichtet er, sondern dieselbe Geschichte läuft vor der Geburt Johannes des Täufers ab.

Über das Motiv des Lukas, soviel Übersinnliches und Unsinniges zu verzapfen, bin ich mir aus einem bestimmten Grunde nicht im klaren. Ich habe nämlich selber erlebt, daß Menschen, die ganz und gar im christlichen Glauben leben, in diesem Punkt wie mit Scheuklappen durchs Leben gehen. Sie sind für keine Zweifel ansprechbar. Auf anderen Gebieten verhalten sie sich dagegen völlig normal. Im Bereich religiöser Empfindungen sind sie sozusagen geistig Behinderte."

„Darf ich hier gleich mal eine Frage stellen? Warum sehen Sie bei Lukas nicht klar? Meinen Sie, der hätte einen besonderen Tick gehabt? Vielleicht geisteskrank?"

„Meine Zweifel beruhen darauf: Jesus soll, nach dem Bibeltext, mehrfach gesagt haben, er würde nach seinem Tode, noch zu Lebzeiten seiner Generation, wieder auf der Erde erscheinen. Und genau in diesem Punkt weicht Lukas deutlich von seinen sonstigen Spinnereien über Engel und anderem Hokuspokus ab: Er sagt, er glaube nicht daran, daß Jesus in diesem Zeitraum wieder zur Erde zurückkehren wird. - Ich nehme an, daß er bei aller Bereitschaft, überirdische Dinge zu verbreiten, hier seinen klaren Verstand walten ließ. Vermutlich wollte er vermeiden, von seinen Zeitgenossen beim Wort genommen zu werden, wenn er selber die unmögliche Wiederkehr Jesu verspricht. Da muß er doch klar gedacht und die Gefahr erkannt haben, später als Lügner entlarvt zu werden. **Damit widerspricht er aber seinem Herrn und Meister Jesus!** - Das war wohl ein bißchen umständlich, nicht wahr? Haben Sie verstanden, was ich klarstellen wollte?"

„Ja, das habe ich schon begriffen. Aber ich verstehe nicht, warum er an all den anderen Zauber geglaubt hat, den Worten Jesu aber keinen Glauben schenkte."

„Das ist genau der Punkt, um den es hier geht. Er redet von Engeln und erzählt dabei das Blaue vom Himmel herunter. Es sind alles Geschichten, die man als Märchen ansehen, als Hirngespinste sehen muß! Die jeder Mensch glauben oder ablehnen kann. Nach christlichem Dogma, soll man sie glauben! Und damit sind wir beim jüdisch-christlichen Glauben insgesamt angekommen."

„Sie sprechen vom **'jüdisch-**christlichen Glauben und vom Dogma? Was soll das heißen? Was ist ein Dogma?“

„Die Wurzel des christlichen Glaubens ist der jüdische Glaube. Das wird schon mit dem Alten Testament bewiesen, welches die Grundlage des ganzen Christentums liefert. Richtiger gesagt, des Juden-Christentums. Und **Dogmen sind die Zwangsglaubenssätze** dieser Religion, der Kirchen also, die von den 'Gläubigen' **geglaubt werden müssen!** Dazu gehört zum Beispiel die Erschaffung der Welt, wie sie in der Bibel geschildert wird. Und auch die jungfräuliche Geburt des Jesus und vieles andere Unerklärliche, das wider die Natur spricht, wie die beispiellose Umwandlung des Weins in das Blut Jesu beim Abendmahl, wie es speziell die katholische Kirche zu glauben verlangt.“

„Sehen Sie, da habe ich schon wieder etwas gelernt. Daß die Welt und alles, was auf der Erde lebt, sich anders entwickelt haben muß, lernen ja schon die Kinder in der Schule. Bloß beim Pfarrer müssen sie wieder das Gegenteil lernen. Ist das nicht alles ein bißchen verrückt? Oder ist das etwa ein großer Schwindel?! - Aber wie wollen wir denn nun den Lukas bei uns Deutschen unterbringen. Und was erzähle ich meiner Frau - und unserm Sohn vor allem?“

„Das müssen Sie in Ihrer Familie entscheiden. Ich kann Ihnen nur einen Rat geben: Es muß Ihren Sohn und auch Ihre Familie innerlich interessieren, alles über seinen biblischen Namens-Kollegen Lukas zu erfahren! Es sollte Ihnen doch leichtfallen, alle an einen Tisch zu bringen, um das 'Evangelium Lukas' Seite für Seite, ohne Hast zu lesen. Mit kurzen Aussprachen bei unterschiedlichen Meinungen. Wobei Sie nicht in den Fehler verfallen sollten, doch wieder an Märchen mit Engeln und so weiter zu glauben! - Aber eine andere wichtige Frage: Hat Ihr Sohn mit seinem Namen schon einmal irgendwelche Schwierigkeiten bekommen, zum Beispiel mit seinen Schulfreunden?“

„Na ja, wenn sie sich mal kabbeln. - Streit gibt es ja auch zwischen guten Freunden. Dann sagt schon mal der eine oder andere: 'Haut den Lukas!' - Das hat er dann nicht so gern. Es nervt ihn, wie er sagt.“

„Das ist doch schon ein möglicher Ansatzpunkt! - Sehen Sie, wenn Sie davon überzeugt sind, den Namen wechseln zu wollen, dann wäre das doch die beste Gelegenheit, Ihrem Sohn diesen Entschluß über den 'Haut den Lukas' schmackhaft zu machen. Meinen Sie nicht auch?“

*

Danach haben wir das Thema Namen abgeschlossen und noch so ein bißchen über andere Dinge gesprochen. Es freute mich besonders, daß ihm und seiner Frau in der Zeitung aufgefallen war, wie sehr ausländische sogenannte Künstler im kulturellen Teil der Zeitung hochgejubelt werden. Früher, bei alten Filmen zum Beispiel hat es hauptsächlich deutsche Schauspieler gegeben, während es jetzt immer mehr Ausländer sind, über die man soviel Gutes berichtet. Auch das Kauderwelsch mit den vielen englischen Brocken verständen sie nicht.

Zum Abschluß haben wir gemeinsam über manches geschimpft, weil wir der Ansicht waren, daß Schimpfen der Stuhlgang der Seele ist, und wir beschlossen, uns bald wieder zu sehen.

Nach ein paar Monaten rief mich der Vater des ehemaligen Lukas an, der jetzt Wolfgang hieß. Man lud mich mit meiner Frau zum Abendessen ein.

***

DEBORA

Wenn ich bisher davon gesprochen habe, ein ruhiges Rentnerleben zu führen, dann ist dies nur zur Hälfte die Wahrheit. So ab und zu bekomme ich einen Anruf von einem größeren Unternehmen, ob ich nicht eine ganz bestimmte Aufgabe übernehmen wollte. Meistens interessiert mich das Angebot, und ich sage zu. Immer sind damit Reisen verbunden. Diesmal ging es in die USA und nach Kanada. Da ich erstens nicht gern allein reise, und zweitens meine Frau eine ausgezeichnete Mitarbeiterin ist, stand fest, daß sie mich begleitet.

In New York machten wir die erste Station. Im Hotel McAlpin, in der 34. Straße, gleich neben dem Empire State Building, bezogen wir Quartier und unternahmen von hier aus meine geschäftlichen Aktionen. Als wir eines Abends müde im vollbesetzten Restaurant saßen, gesellte sich zu uns eine Dame. Schon beim Gespräch mit dem Kellner bemerkte sie unsern deutschen Akzent und sprach uns auch sogleich an. Sie wollte von uns viel über Deutschland erfahren. Sie war in Chicago geboren, hatte in New York beruflich zu tun, und ihr Fernweh hieß Deutschland.

Wie die Amerikaner so sind, fragen sie bald nach dem Namen, und zwar nach dem Vornamen, denn sie sprechen am liebsten alle Leute in dieser vertraulichen Weise an. Bei uns gab es keine Probleme. Im Gegenteil!

„Hermann, o ja, mein Vater hat mir von einem „Hermann" erzählt, der die Römer irgendwann besiegt haben soll. Mein Vater ist nämlich als Soldat einige Jahre in Deutschland gewesen. Leider ist er schon lange tot. Und von einer Isolde hat er auch mal gesprochen, aber ich weiß nicht, in welchem Zusammenhang. - Ich heiße Debora!"

Damit schloß unsere neueste Bekanntschaft dieses Kapitel des Kennenlernens ab. Das dachte sie vermutlich. Um so mehr überraschte sie unsere Reaktion. Wir hatten uns nämlich nicht so schnell in der Gewalt, denn mein Hobby waren ja die biblischen Namen, und wir platzten förmlich mit unserer Lachsalve heraus.

„Ja, habe ich denn jetzt einen Witz losgelassen, ohne davon zu wissen? Warum lacht ihr so spontan?" Sie sah uns abwechselnd und ebenfalls lachend an.

Nun blieb mir nichts übrig, als zu erklären, was die Ursache unseres Verhaltens war.

„Gut, und was genau ist an meinem Namen, daß ihr so sehr darüber lachen müßt? Ich habe einmal mit meinem Vater darüber gesprochen. Da hat er mir erzählt, es handle sich um den biblischen Namen einer sehr frommen, tapferen Frau."

„Aber Einzelheiten darüber, was diese Frau getan hat, in welcher Weise sie so fromm und tapfer gewesen sein soll, darüber hat er dir nichts erzählt?" fragte ich.

„Nein, gar nichts! Wenn du aber mehr darüber weißt, dann verrate mir das Geheimnis - falls es eines ist!"

„Ich nehme an, eure Bibeln ähneln inhaltlich denen, die es in Europa gibt. Wenn du nachlesen willst, so kannst du alles im 'Buch der Richter' finden. Welcher Kirche gehörst du denn an?"

„Ich gehöre zu keiner Kirche. Ich bin Jüdin."

„Ach du dicke Eiche!" brachte ich gequält heraus. Natürlich in deutsch!

Sie sah uns mit fragenden Augen an: „Was ist mit „Eiche"? Wollte sie wissen.

„Das mit der „Eiche" ist eine deutsche Redewendung, wenn man vor einem Problem steht."

„Gut! Wo ist das Problem? Liegt es in meinem Namen, oder weil ich Jüdin bin?"

„Himmel und Zwirn!" sagte ich für mich - wieder in deutsch und auch nur ganz leise.

„Du wirst lachen, was ich jetzt sage! Mein Vater hat mir nämlich einige Brocken Deutsch beigebracht, deren Bedeutung ich nicht immer verstanden habe. „Himmel und Zwirn" hat er auch gesagt und immer dazu gelacht, denn da gehört noch ein anderes Wort dazwischen, das ich aber niemals sagen darf. Das hat er mir streng verboten! Aber du bist ja nicht mein Vater und kannst es mir sicher gut erklären. Also was hat es mit dem Wort dazwischen auf sich?"

„Verehrte Debora", lachend versuchte ich mir eine goldene Brücke zu bauen, „erlasse mir bitte, dich darüber aufzuklären. Du sagtest, dein Vater wäre als Soldat in Deutschland gewesen. Bei den Soldaten wird auch manches gesprochen, was man als Zivilist lieber für sich behält. Es ist schon lange her, da ich Soldat war. Jetzt bin ich Zivilist und möchte mich gegenüber einer Dame manierlich verhalten. Einverstanden?"

„Okay! Aber dann wirst du mich jetzt über die Bedeutung meines Namens aufklären. Einverstanden?"

Was blieb mir übrig! Mein Hilfe suchender Blick in Richtung Isolde nützte auch nichts. Ich mußte zusehen, wie ich einer Jüdin diese 'Heldin' ihrer eigenen Tora erklären sollte.

„Zu was du mich jetzt verpflichtet hast, tue ich nur ungern. Die Tora ist ein jüdisches Gesetz- und Geschichtsbuch. Ich hatte nicht die Absicht, mit dir darüber zu sprechen, und zwar aus der Sicht eines Nichtjuden. Ich bin nämlich auch kein Neujude, wie die Christen manchmal genannt werden, deren Wurzeln in der Tora liegen."

„Darf ich dich einmal unterbrechen, Hermann? Bist du ein Professor, der sich mit Religionen beschäftigt?"

„Nein, nein,! Ich interessiere mich nur für Religionen, die im Mosaismus begründet sind, weil ich als Europäer eine ganz andere Vorstellung von Religion habe, als sie im orientalischen Raum gelehrt wird."

„Na gut! Ich möchte nicht, daß wir jetzt über Religionen streiten. Mich interessiert viel mehr deine Ansicht über die Qualität meines Namens. - Aus deiner Sicht versteht sich!"

„Damit machst du es mir nicht leichter! Ich will versuchen, so vorsichtig wie möglich, darüber zu sprechen:

Ich sagte schon: Über die Debora wird im 'Buch der Richter' geschrieben. Diese Frau war Prophetin und Richterin zugleich. Sie hatte also in ihrer Zeit die Kommandogewalt über den zivilen wie militärischen Bereich.

Die Israeliten waren wieder einmal über die Stränge geschlagen. Das heißt, sie hatten all das getan, was Jahwe ihnen verboten hatte. Deshalb sollte nun das ganze Volk bestraft werden. Jahwe selbst hatte sich das Werkzeug der Bestrafung ausgesucht. Der König von Kanaan sollte mit seinem Heerführer Sisera gegen die Israeliten Krieg führen. Sisera war damit sozusagen der Beauftragte Jahwes. Und Jahwe galt ja als weiser und gerechter Gott.

Andererseits war Debora Richterin und hatte für das Wohl ihres Volkes Israel zu sorgen. Sollte sie nun gehorchen und die gerechte Strafe Jahwes über ihr Volk ergehen lassen, oder sollte sie versuchen, diese abzuwenden? Diese Frage wird in der Tora gar nicht gestellt. Es heißt nur, sie ruft zum Kampf gegen die Kanaaniter auf.

Es kommt zum gottgewollten Krieg. Israel schlägt aber seinen Feind. Die Soldaten fliehen. Auch der Heerführer Sisera flieht. Er trifft eine Frau namens Jael, die diesen Flüchtenden mit beruhigenden Worten aufnimmt, in ihrem Zelt mit Milch versorgt und ihn überredet, sich hinzulegen und zu schlafen. Als er jedoch eingeschlafen ist, holt sie einen schweren Schmiedehammer und einen Pflock, um diesen dem Schlafenden durch die Schläfe zu treiben.

Diese Tat an einem wehrlosen, schlafenden Flüchtling wird der Richterin Debora gemeldet. Sie verurteilt dieses Verbrechen an dem Wehrlosen jedoch nicht, sondern singt mit ihrem Freund ein ellenlanges Loblied auf die Mörderin, um sich selber vom Glanz des Mordes an einem Feind anstrahlen zu lassen. Im Höhepunkt des Liedes heißt es:

‚Gepriesen sei Jael unter den Frauen,
die Frau des Keniters Heber,
gepriesen unter den Frauen im Zelt.
Er hat Wasser verlangt, sie gab ihm Milch,
in einer prächtigen Schale reichte sie Sahne.
Ihre Hand streckte sie aus nach dem Pflock,
ihre Rechte nach dem Hammer des Schmieds.
Sie zerschlug Sisera, zermalmte sein Haupt,
zerschlug, durchbohrte seine Schläfe.
Zu ihren Füßen brach er zusammen, fiel nieder, lag da zu ihren Füßen
brach er zusammen, fiel nieder.
Wo er zusammenbrach, da lag er vernichtet.'

Soweit die biblische Geschichte über Debora. Nach heutigen Begriffen wäre sie einer Anführerin von Partisanen gleichzusetzen. Aber da wir deine Bekanntschaft gemacht haben, wird gleichzeitig der Beweis geliefert, wie weit Geschichte und Neuzeit auseinander klaffen können."

Wir sahen uns danach an, und ich machte mit leichtem Schulterzucken eine zaghafte Geste, die besagen sollte: Bitte sehr, du wolltest deine Geschichte hören. Da ist sie!

Unsere neue Bekanntschaft fand zuerst die Sprache wieder.

„Natürlich habe ich als Kind in der Schule die Bibel gelernt. Ganz bestimmt wird uns auch diese Geschichte erzählt worden sein. Aber so genau ist sie mir gar nicht bewußt. Es war ja wohl Krieg, damals, nicht wahr? Und ein Menschenleben zählt nicht soviel. Da es sich bei Sisera um einen Anführer des feindlichen Heeres handelte, war die Wut wohl auch verständlich. Ich sehe in allem keine so schlimme Tat, als daß ich mich jetzt meines Namens schämen müßte. Wir Juden haben ja zu allen Zeiten mit irgendwelchen Feinden zu tun gehabt. Also, ich bleibe bei meinem Namen Debora!"

„Ich habe keineswegs die Absicht, dir deinen Namen zu vergraulen. Es ist nur so, daß man in Deutschland neuerdings so viele fremd klingende Namen für Kinder findet, deren Bedeutung den Menschen kaum bewußt ist. Wenn du als Jüdin den Namen Debora trägst, dann ist das gewiß in Ordnung. Nur halte ich ihn nicht für angebracht, wenn ein deutsches Mädchen so heißt. Was hat dieses Kind mit der jüdischen Geschichte zu tun?"

„Ja, da kann ich dir zustimmen! Ihr habt eure Namen, wir haben die unsrigen. Wenn dein Vater dir den Namen 'Hermann' gegeben hat, so ist dies verständlich. Wenn ein Jude sein Kind 'Hermann' nennt, dann tut er das vermutlich, um seine Assimilationsbereitschaft zu zeigen oder aus einem anderen mir nicht bekannten Grund. Bestimmt tut er es nicht aus Anerkennung für einen alten Krieger der Germanen."

„Na, dann sind wir uns ja einig! Jedes Volk hat seine eigenen Sitten und Gebräuche, und dabei sollte es auch bleiben. Das meinen wir jedenfalls!"

„Warum aber habt ihr anfangs so gelacht, als ich meinen Namen nannte?"

„Weil wir in Deutschland festgestellt haben, daß die Eltern oft ohne Überlegung ihren Kindern Namen geben, über deren Sinn sie keine oder wenig Ahnung haben. Dazu gehören zur Zeit auch die biblischen oder amerikanisierten Namen wie beispielsweise 'Mike'. Ein paar Minuten, bevor du an unsern Tisch kamst, sagte Isolde: 'In unserer Namens-Sammlung ist uns noch keine 'Debora' über den Weg gelaufen.' - Und dann kamst du!"

So haben wir uns den ganzen Abend hauptsächlich mit diesem Thema beschäftigt. Und waren uns im Prinzip einig: **Jedes Volk sollte bei seinen Namen bleiben; das deutsche ebenso wie das jüdische Volk.**

***

DANIEL

Nach unserer achtwöchigen Amerikareise wollten wir den ersten Sonntag zu Hause in Ruhe genießen. - Vorbei mit der Ruhe! Um halb elf läutete die Türglocke. Ein Pärchen stand vor der Tür: Sie schick, mit rotem Mantel, ansprechendem 'make up', richtig nett, aber mit einer Einkaufstasche in der Hand. Der dazugehörige Mann hätte ihr älterer Freund sein können.

„Guten Morgen!" sagte ich. „Sie wünschen?"

Der Herr, etwa fünfzig Jahre alt, - sie schien halb so alt zu sein - antwortete: „Dürfen wir Sie einen Augenblick sprechen?"

„Wenn Sie mir sagen, worum es geht, dann vielleicht."

„Wir möchten mit Ihnen über das „Wort Gottes" sprechen."

„Das Wort zum Sonntag sozusagen?"

„Ja, so kann man es auch sehen. Dürfen wir eintreten?"

Ich überlegte kurz. Dachte, das sind gewiß bibelfeste Leute. Vielleicht kann ich etwas von ihnen lernen.: „Bitte, kommen Sie herein!"

Wir gingen ins Wohnzimmer. Meine Frau kam aus der Küche heraus, und ich klärte sie auf: „Die Herrschaften sind Zeugen Jehovas. Wir wollen uns nur einen Augenblick lang unterhalten, nicht wahr?" - Dabei sah ich die beiden freundlich an, und sie nickten mir ebenso freundlich zu. Mit einem nur mir bekannten Blick verschwand meine Frau mit einer für die Gäste einladenden Handbewegung in der Küche.

„Na, dann schießen Sie mal los!" machte ich ihnen Mut.

Der Herr, in diesem Falle der irdische Zeuge Jehovas, führte das Wort: (Meinen zugedachten Mut brauchte er nicht, denn er kannte sein Geschäft.) „Werfen Sie gelegentlich einen Blick in die Bibel?" wollte er wissen.

„Ach ja, so ab und zu schon mal."

Der Zeuge schmunzelte leicht. „Das sagen die meisten Menschen, aber wenn man mal ein bißchen tiefer schürft, dann hört man, daß die Kenntnisse doch recht dürftig sind."

„Und Sie haben die Absicht, mir jetzt Nachhilfe zu geben?"

„Nein, nein, so dürfen Sie das nicht sehen! Wir möchten nur hören, ob Sie vielleicht mit der Auslegung des 'Wort Gottes' Schwierigkeiten haben."

„Und was haben Sie davon, wenn Sie mir in diesem Falle helfen können?“

„Es geht dabei nicht um uns, sondern um die Menschen, die wir ansprechen. Es geht um deren Seelenheil!“

„Dann sind Sie also davon überzeugt, selbst auf dem richtigen Weg zu sein, und Sie wollen andere dazu bewegen, ebenfalls diesen Weg zu gehen?“

„Ja, so ungefähr kann man es sehen. Vielleicht haben Sie eine Frage, die Ihnen besonders am Herzen liegt, die wir beantworten würden.“

„Ja, ich habe eine ganz andere Frage: Sie gehen zu zweit, fühlen Sie sich allein nicht sicher genug? Vor Ihren Gesprächspartnern oder in der Auslegung der Bibel?“

„Meine Begleitung ist meine Tochter. Sie gehört ebenfalls zu den Zeugen Jehovas, und wir lernen beide aus den Gesprächen mit anderen Menschen.“

„Oh, da kann ich Ihnen zu einer solchen Tochter nur gratulieren! Das machen Sie ganz geschickt, wenn Sie Ihre Tochter als ‘Türöffner’ einsetzen. Aber es wundert mich, daß eine junge Dame den Sonntagvormittag opfert. Haben Sie denn nichts Besseres vor?“ wandte ich mich an sie.

„Man sollte nicht die Frage stellen, ob ich nichts Besseres vorhätte!“ sagte sie. „Ich habe sogar einen Sohn, dem es gewiß lieber wäre, wenn ich mit ihm spielen würde. Aber ich habe auch eine Verantwortung vor den Menschen und vor allem vor Gott. Deshalb ‘opfere’ ich , wie Sie sagen, diese Vormittagsstunden.“

„Wo es Kinder gibt, bin ich immer neugierig. Darf ich fragen, welchen Vornamen Ihr Sohn hat?“

„Aber sicher! Er heißt Daniel, und er trägt diesen Namen voller Stolz, denn es ist ein biblischer Name, falls Sie dies nicht wissen sollten.“

„Der Name ist mir durchaus bekannt. Man hört ihn ja heute sehr oft. Aber ob alle Namensträger auch wissen, was der betreffende biblische Name bedeutet, das möchte ich doch bezweifeln. Können Sie mir denn eine Erklärung zu ‘Daniel’ geben?“

Nun schaltete sich der Vater, oder besser, der Großvater des kleinen Daniel, ein: „Das Leben des biblischen Daniel spielte sich in der babylonischen Gefangenschaft ab. Als Kind hatte man ihn aus Juda weggeführt. Da er zur oberen Schicht der Juden gehörte, kam er an den

Hof des Königs Nebukadnezar, um dort eine standesgemäße Ausbildung zu erhalten."

„Erlauben Sie mir bitte eine Frage: Ich hörte immer nur von einer schrecklichen babylonischen Gefangenschaft. Wenn Sie aber sagen, Daniel bekam eine standesgemäße Erziehung, dann ist das, was ich gehört habe, nur die halbe Wahrheit, nicht wahr?“

„Ja, wenn Sie es so betrachten, dann mögen Sie recht haben. Aber das ist ja nicht so wichtig. Der junge Daniel machte durch seine Begabung bereits früh auf sich aufmerksam. Er zeigte aber auch eine gewisse Schläue. Um beispielsweise nicht all das essen zu müssen, was gegen den jüdischen Ritus verstieß, ersann er eine List, mit der er für sich und seine zwei Freunde um diese Pflicht herumkam. Er war also ein pfiffiger Bursche. Damit hatte er sich gleichzeitig den notwendigen Respekt verschafft.“

„Ich habe noch eine Frage: Woher weiß man, daß sich alles so zugetragen hat, wie Sie es erzählen?“

„Das geht aus dem Buch ‘Daniel’ hervor.“

„Und wer hat das Buch ‘Daniel’ geschrieben?“

„Daniel natürlich! Er gehört zu den Propheten!“

„Sind Sie sicher, daß Daniel der Autor des gleichnamigen Buches ist? Manchmal geht es wohl ein bißchen durcheinander. Wann soll er denn gelebt haben? Haben Sie die ungefähre Jahreszahl?“

„Doch, doch! Das Buch ‘Daniel’ hat er ja selbst geschrieben! Das steht fest! Gelebt hat Daniel so rund 500 Jahre vor Christus.“

„Sie wollten mich ja aufklären, deshalb muß ich weitere Fragen stellen: Ist das alles zur Charakterisierung Daniels? Hat er sich sonst noch hervorgetan, um seinen Namen für die Nachwelt so erstrebenswert zu machen?“

„Vor allem konnte er weissagen und Träume deuten! Ja, er konnte sogar dem König sagen, **was** er geträumt hatte und anschließend diesen Traum deuten.“

„Das ist ja unglaublich! Wie soll ein Mensch in der Lage sein, einem andern zu sagen, was er geträumt hat, bevor derjenige über seinen Traum berichtet? Haben Sie eine Erklärung dafür?“

„Unsere Erklärung dafür steht ebenfalls in der Bibel. Daniel hat nämlich in der Nacht ein Gespräch mit Jehova geführt, und Jehova hat ihm erzählt, was der König geträumt hat.“

„Gibt es da nicht andere Möglichkeiten, die Sache glaubwürdig zu machen?“

„Das gehört zu unserm Glauben! Die Bibel ist eben ‘Gottes Wort’! Deshalb kann darin nichts Unglaubwürdiges sein!“

„Gibt es denn noch mehr Geschichten von Daniel?“

„Aber sicher! Der König hatte ihn mit anderen zusammen in einen Feuerofen werfen lassen. Daniel und seinen Freunden konnte das Feuer aber nichts anhaben. Verbrannt wurden allein diejenigen, die Daniel und seine Freunde in den Ofen geworfen hatten.“

„Hmm, und Sie glauben auch dies?“

„Aber natürlich! Alles steht in ‘Gottes Wort’! Von Daniel selbst berichtet! Und er hat ja noch viel mehr erlebt und getan, was viele Menschen, damals und heute, nicht begreifen wollen. Er hat zum Beispiel eine Geheimschrift, die von unsichtbarer Hand an eine Wand geschrieben worden war, lesen können! Daniel allein war dazu in der Lage! Es war wieder ein Wunder! Und ‘Gottes Wort’ bürgt dafür, daß alles der Wahrheit entspricht.“

„Weil dieser Daniel ein so toller Kerl war, der die unglaublichsten Geschichten erlebt und darüber sogar berichtet hat, deshalb hat Ihr Enkel den Namen ‘Daniel’ bekommen?“

„Genau so ist es! Wir hoffen, daß unser Daniel dem biblischen Daniel einmal nacheifern wird.“

„Entschuldigen Sie mich bitte einen Augenblick! Ich will nur schnell etwas holen.“

Damit verließ ich das Wohnzimmer und erschien nach kurzer Zeit mit der Bibel.

„Hier sehen Sie eine ganz neue Bibel aus dem Jahre 1993 als Einheitsübersetzung von 1980 der katholischen Bibelanstalt in Stuttgart. Die evangelische Kirche hat daran ebenfalls mitgewirkt. Wir wollen doch mal sehen, was da über die Entstehung des Buches ‘Daniel’ steht: ‘Daniel berichtet danach selbst von drei weiteren Offenbarungen, die ihm den Verlauf der Geschichte Gottes mit seinem Volk vom Babylonischen Exil bis zur Verfolgung der Juden in der Zeit des syrischen Königs Antiochus IV. Epiphanes (175-164 v.Chr.) offenlegen.’ - Können Sie damit etwas anfangen?“

„Nein, das sagt mir gar nichts!“

„Dann werde ich Ihnen sagen, was es bedeutet: Das Buch Daniel ist erst hundertfünfzig Jahre vor Christus geschrieben worden . Und Daniel hat rund 500 Jahre vor der Zeitwende gelebt! Damit ist erwiesen, daß das Buch an sich bereits ein Schwindel ist, wenn man behauptet, er, Daniel, habe es selbst geschrieben! Für mich ist Daniel ein ganz großer Aufschneider gewesen. Der Aufschneider der Nation überhaupt! Die Kirchen versuchen nur mit geschwollenen Redewendungen an der Wahrheit vorbeizureden. Das ist es!

Damit Sie aber alles noch deutlicher gesagt bekommen: Hier ist das Neue Volkslexikon. Da, lesen Sie selbst!"

Nach einigen Sekunden des Staunens las unser Sonntagsgast mit ziemlich zurückhaltender Stimme: *„... Das ihm zugeschriebene Buch Daniel ist erst 165 vor Christus entstanden ... "*

Nach einer längeren Pause schauten sich Vater und Tochter irgendwie vielsagend an. Die junge Frau sprach dann sehr langsam, indem sie ihrem Vater bis in die Seele zu blicken schien: „Wir beide haben jetzt das gleiche gedacht, stimmt's, Vater?"

„Ich glaube schon, Gisela."

Dann wandte sie sich mir zu: „Wir haben in unserem Freundeskreis einen 12jährigen Jungen, namens Daniel, der ein solcher Aufschneider und Angeber ist, daß nicht nur die Erwachsenen seine Gegenwart meiden, sondern daß auch die Kinder sein Geschwafel oft nicht mehr ertragen und ihn beschimpfen. Sie nennen ihn 'Daniel, der Großkotz'. Und nach allem, was wir jetzt gehört haben, scheint mir das ganze Buch mehr als fragwürdig zu sein. Ein bißchen schleierhaft war mir einiges schon früher, wenn ich hörte, wie ein Mensch den Traum eines anderen deuten kann, ohne daß vorher darüber gesprochen wurde."

Da war der Zeuge Jehovas doch tatsächlich sprachlos. Er sah seine Tochter an, zuckte mit den Schultern. Die Ratlosigkeit stand ihm im Gesicht. Und das will für einen so redegewandten Glaubens-Akrobaten schon etwas heißen. Langsam sagte er: „Ich traue mich fast nicht, den Namen Daniel auszusprechen." - Seiner Tochter sah man an, daß sie entschlossen war, ihres Kindes wegen eine Lösung zu finden.

„Papa, was machen wir, wenn andere Kinder davon erfahren und unsern Daniel womöglich „Baron Münchhausen" zu ihm sagen?"

Hilflos sah der Vater seine Tochter an. Ich versuchte zu helfen.

„Hat Ihr Sohn denn nicht noch einen zweiten Vornamen?"

„Ja, richtig, mein Bruder ist Patenonkel, und er gab ihm seinen Namen Harald.“

„Dann ist doch alles in Ordnung!“ unterstützte ich diese Lösung. Rufen Sie in Zukunft Ihren Sohn Harald! Das ist doch die einfachste Sache von der Welt! Erklären Sie ihm die Lage mit den möglichen Folgen, dann wird er es schon begreifen.“

„Aber natürlich, Papa, das ist die Lösung. Er wird das mit seinen 4 Jahren noch nicht begreifen, aber wir kriegen das schon hin.“

Danach haben sich die beiden bei mir bedankt. Der Vater führte das Wort: „Wir sind Ihnen von Herzen dankbar, uns vor bösen Überraschungen bewahrt zu haben. Aber das bezieht sich nur auf den Namen meines Enkels! Unsern Glauben können Sie mit diesem einen Ausrutscher nicht erschüttern. Wir würden Sie gern einmal wieder besuchen, damit wir Ihnen zu Ihrem Glück im Paradies doch noch verhelfen können. Heute wollen wir Sie aber nicht länger aufhalten. Vielleicht kommen Sie aber einmal in unser Gemeindehaus? Wir hatten doch einen so netten Kontakt!“

***

NOAH

Mitte November bekam ich einen Anruf von meiner Jugendfreundin Margot aus Hannover: „Sag mal, bist du immer noch sportlich interessiert? Ich hätte vielleicht etwas für dich."

„Meine ursprüngliche Begeisterung hat in den letzten Jahren einen erheblichen Dämpfer bekommen."

„Wieso das? Bist du etwa krank?"

„Nein, nein! In der Beziehung kann ich nicht klagen. Mich stört nur das ganze Drum und Dran. Auch der Sport ist nicht mehr das, was er einmal war. Früher wurde größter Wert auf Breitensport gelegt, schon um den Menschen einen Gefallen bezüglich ihrer Gesundheit zu tun. Heute ist dagegen alles nur Geschäft. Wenn ich höre, was die Fußballspieler und Tennisspieler und auch die internationalen Leichtathleten für Gagen einstreichen, kann man doch als Otto Normalverbraucher nur mit den Ohren wackeln."

„Da hast du allerdings recht. Alles dreht sich nur noch ums Goldene Kalb. Von unserm Idealismus ist nichts mehr geblieben. Aber darüber wollte ich mit dir nicht reden. Kurz und knapp: Ich habe zwei Karten für das Tennisturnier der Weltelite geschenkt bekommen, und zwar für das Endspiel. Willst du sie haben? Du kannst mit deiner Frau bei mir übernachten. Ihr seid herzlich willkommen. Sprich mit deiner Frau und rufe mich morgen um diese Zeit an. Ich bin jetzt ein bißchen eilig, weil ich ins Theater will. Tschüß, bis morgen!"

Diese Gelegenheit wollten wir uns denn doch nicht entgehen lassen. Am Sonnabend fuhren wir nach Hannover. Sonntags saßen wir in der vollbesetzten Halle auf dem Messegelände.

Meine Nachbarin zur Linken war eine schicke Dame von etwa fünfzig Jahren, Berlinerin. Man merkte es bald. Nicht nur am Tonfall, sondern auch an ihrem Temperament und am Tempo ihres Redeflusses. Wenn es sich nicht um eine sehr nette Dame gehandelt hätte, dann müßte ich sagen, sie hatte eine Kodderschnauze, wie die Gisela Schlüter.

„Sagen Sie mal, Sie sind ja wohl auch nicht aus Hannover, oder?"

„Da haben Sie richtig getippt, ich ..."

„Na lassen Sie mich mal raten: Sie kommen aus Pommern! Hab ich recht?!“

„Nicht ganz, aber auf dem halben Wege sind Sie schon.“

„Aha, dann sind Sie also Ostpreuße! Na, Sie, da wäre ich im Laufe der Zeit auch allein drauf gekommen. Aber Sie wohnen doch nicht in Hannover, nicht wahr?“

„Da haben Sie ins Schwarze getroffen!“

„Wissen Sie was, ich schätze nämlich wahnsinnig gern; alles mögliche! Warten Sie mal! Sie kommen aus Hessen! Stimmt's?“

Ich sah mir die Dame etwas genauer an, um zu überlegen, wie sie wohl darauf gekommen sein könnte. Aber sie lachte mir so frei und ungezwungen ins Gesicht, daß ich einfach sprachlos blieb.

„Ja, da staunen Sie wohl, nicht wahr? Na, und schätzen Sie mal, wie ich so was fertig bringe! Denn ich sah gleich, daß meine Vermutung ein Volltreffer ist!“

Meine Frau hatte die Unterhaltung mitbekommen und zeigte ihre Überraschung durch ihr lachendes Gesicht: „Können Sie hellsehen?" fragte sie.

„Nicht unbedingt, aber ich habe zwei Augen im Kopf. Ich habe Sie nämlich gesehen, als Sie aus Ihrem Auto stiegen, das eine Kasseler Nummer hat. Und welch ein Zufall: Jetzt sitze ich neben Ihnen! Ha, ha, ha!“

„Also, Sie machen mir Spaß, gnädige Frau! Sind Sie etwa Detektivin?“

„Gott, bewahre! Sehe ich denn so aus?“

Ich schüttelte den Kopf und deutete auf den Tennisplatz: „Die Gladiatoren kommen!“

Meine Berlinerin schienen der Boris Becker und der Pete Sampras überhaupt nicht zu interessieren. Sie schnatterte weiter, wenn auch gedämpft.

„Sehen Sie mal da links! Da, so halb links unten! Da sitzt Barbara, die Frau von dem Boris. Warum die eigentlich hierher kommt? Wenn ich sie im Fernsehen beobachtet habe, sah sie sich die meiste Zeit ihre Füße an oder sie hielt sich ihre Hände vors Gesicht. - Übrigens, sie hat sehr schöne schlanke Hände. Passen Sie mal auf, sie wird sie gleich allen zeigen. Ich denke, sie tut das mit Absicht. Aber warum soll sie auch nicht?!

Schließlich kann man nur mit dem prahlen, was man hat. Meinen Sie nicht auch?"

Ich drehte meiner Nachbarin den Kopf zu und wollte etwas erwidern, aber da war meine Zeit auch schon abgelaufen.

„Ich möchte zu gern wissen, warum die Eltern von Becker immer in einer anderen Loge sitzen. Ob da eine strenge Trennung innerhalb der Familie von der Turnierleitung gezogen wird? Das fände ich gar nicht so gut! Schließlich gehören doch die Beckers alle zu einer Familie! Oder ob es da Differenzen gibt? Wie erklären Sie sich diese Anordnung?"

Wieder sah ich nach links und wollte aus Höflichkeit meine Ansicht äußern: „Also ..."

„Ich sehe es Ihnen an, Sie haben das noch nie mit Bewußtsein registriert. Stimmt doch, oder? Sehen Sie, mich interessieren alle Menschen! Das ist für mich ein richtiges Hobby. Menschen beobachten, sie klassifizieren, mir vorstellen, was sie beruflich tun könnten, sie charakterlich einordnen, ihre körperliche Verfassung kritisch unter die Lupe nehmen, ob derjenige Raucher, Trinker oder Abstinenzler ist, ob er, ach was weiß ich, was man alles über einen Menschen herausfinden kann."

Der letzte ellenlange Satz hat mich zum Nachdenken angeregt, so daß es mir jetzt ziemlich egal war, ob die da unten mit dem Einschlagen schon fertig waren oder nicht. Ich drehte meiner Überraschungs-Dame langsam aber sehr bewußt meine Frontseite zu und begann auch, mit meinem Senf zur Unterhaltung beizutragen: „Gnädige Frau ..."

„Nun haben Sie schon zum zweiten Mal 'gnädige Frau' zu mir gesagt. Wissen Sie, ich bin durchaus für gewisse Formen zu haben, und ich freue mich über kultivierte Menschen und besonders über höfliches Benehmen, aber wir sind hier bei einer , na, kann man sagen volkstümlichen sportlichen Veranstaltung und außerdem, also kurz und glatt: die gnädige Frau heben Sie sich für feierlichere Gelegenheiten auf! Ich heiße Helga Schultheiß! - Na, Sie machen ja so ein Gesicht, als wenn Sie jetzt 'Prost!' sagen wollten, ha, ha, ha!"

Mir waren meine beabsichtigten Worte im Hals stecken geblieben. Ich erhob mich von meinem Sitz, machte eine knappe Verbeugung und stammelte: „Hermann Krause". - Dann mußte ich aber so laut losprusten, daß nicht nur die nachbarlichen Zuschauer zu uns hersahen, sondern sogar der Schiedsrichter einen verwarnenden Blick zu uns schickte.

„Na, Herr Krause,“ flüsterte meine Berlinerin mir zu, „mit dem Namen hätten Sie aber auch aus Berlin sein können! Während ‘Schultheiß’ kaum nach Ostpreußen passen würde.“

Wir schauten auf den Platz: Das erste Spiel war gelaufen. - Pause - Seitenwechsel.

„Wissen Sie, Herr Krause, was ich vorhin zu Ihnen sagte, über meine Beobachtungen bei anderen Menschen, dazu gehören auch meine kritischen Fragen zu den Vornamen, die manche Menschen durchs Leben schleppen müssen. Sehen Sie, Helga und Hermann, na, damit können wir uns doch überall sehen lassen! - Wie heißt denn Ihre Frau?“

„Isolde.“

„Sehr schön! Ein sehr schöner und klangvoller Name! Wissen Sie, wer ihr diesen Namen ausgesucht hat? War es der Vater oder die Mutter?“

„Es war der Großvater. Als er von der Geburt hörte, und daß es ein Mädchen sei, sagte er spontan: ‘I-solde ein Junge werden. Aber ein Mädchen nehmen wir auch!’“

„O wie lustig! Gratuliere zu diesem Groß-Schwiegervater, oder Schwieger-Großvater! Der Mann hat sicher Sinn für Humor gehabt.“

„Er hatte nicht nur Sinn für Humor. Er war sogar voller Witz und Tatendrang bis ins hohe Alter.“

„Sie machen mich neugierig. Nur keine Hemmungen! Wie geht's weiter?“

„Kurz und knapp: Er **mußte** mit siebzig Jahren eine Neunzehnjährige heiraten.“

Die Dame war zum ersten Mal sprachlos. Sie sah mich an, aber mein Blick blieb geradeaus. Ich schielte so ein bißchen zur Seite. Nach einigen Augenblicken flüsterte sie: In gerader Linie sind Sie mit diesem Herrn nicht verwandt?“

„Na, eben so, wie man mit einem Schwieger-Großvater verwandt sein kann.“

Das Spiel ging weiter. Das auf dem Tennisplatz. Meine Nachbarin hatte auch nur eine kurze Pause eingelegt: "Sehen Sie mal die Barbara! Sie hat schon wieder die Hände vorm Gesicht. Ob sie wohl durch die Finger schaut? Das ganze Gehabe ist doch nicht normal, oder? Die verdienen doch ein Schweine-Geld! Der Boris macht heute kräftig Kasse, egal, ob er nun gewinnt oder zweiter Sieger wird. - Ach, sagen Sie mal, haben Sie schon einmal das Becker-Kind gesehen? Bei irgendeiner Zeitschrift sollen sie die Bilder natürlich auch zu Geld gemacht haben. Ob das wahr ist? Na, ich kann mir das gut denken. Es dreht sich alles nur noch ums Geld."

Ich dachte, nun müßte ich mich ja auch mal äußern. Aber kaum hatte ich den Mund aufgemacht, da plätscherte meine Berlinerin schon munter weiter: „Wissen Sie eigentlich, wie der Becker-Sohn heißt?"

„Ich denke, Noah!"

„Ja, richtig! Aber haben Sie sich mal Gedanken darüber gemacht, warum sie dem Jungen nur diesen Namen gegeben haben könnten?"

„Ich vermute, wegen seines französischen Freundes Noah."

„Mag schon sein. Na, man kann sich so allerhand zusammenreimen, oder auch spekulieren. Aber das dürfte alles mehr oder weniger Quatsch sein. Jedenfalls heißt das Kind wirklich Noah! Und ich kann mir vorstellen, daß der Boris in seiner umfassenden Halbbildung die Bibel nur vom Hörensagen kennt. Wenn er sich nur vorher die Mühe gemacht hätte, zu lesen und zu folgern: Entweder ist der biblische Noah ein großer Aufschneider gewesen, oder alles ist nur ein Märchen. Da hätte der Boris getrost einen Namen aus einem deutschen Märchen nehmen können: Schneewittchen zum Beispiel, ha, ha, ha!"

„Also Schneewittchen finde ich großartig! Aber leider ist es ein Mädchenname. Haben Sie vielleicht einen passenden männlichen Namen?"

„Klar! Da wäre mein Vorschlag: Rumpelstilzchen! Ha, ha, ha!"

Obgleich wir uns nur zischelnd unterhielten, störte es unsere Nachbarn. Sie straften uns mit Blicken. Wahrscheinlich hatten sie vom Spiel da unten ebensowenig wie wir. Dennoch war dieser Nachmittag für mich recht amüsant. Vielleicht hätten sich die Leute ebenso vergnügt wie wir, wenn wir etwas lauter gesprochen hätten. Aber darauf wollten wir es nicht ankommen lassen. Deshalb verhielten wir uns eine Weile mäuschenstill. Auch meine Berlinerin. Was ich kaum für möglich hielt. Ich mußte immer wieder zu ihr hinsehen, weil ich fürchtete, es könnte sie der Schlag getroffen haben.

So kam ich tatsächlich in den Genuß, das Spiel zu verfolgen. - Als der Tenniszirkus aus war, legte Frau Schultheiß aus Berlin los: „Na, Herr Krause, hätten Sie nicht gedacht, daß ich so friedlich sein kann! Sind Sie nun auf Ihre Kosten gekommen?"

„Allein Ihre Unterhaltung war das Eintrittsgeld wert!"

„Sehen Sie, bin ich nicht ein sozialer Mensch? Ich tue was für meine Mitmenschen! Aber mit dem Noah sind wir immer noch nicht fertig. Haben Sie mal nachgelesen, wie das mit der Arche Noah gewesen sein soll? Da hat der Mensch angeblich von jeder Art ein Paar mitgenommen, um die gesamte Tierwelt vor der Sintflut zu retten! Das ist doch der helle Blödsinn! Von was sollten sich die Raubtiere und die Rindviecher und die Würmer und die Blattläuse und die Schwalben während dieser Zeit ernährt haben? Und sie sollen alle friedlich in einem Verschlag gelebt haben? Der blanke Wahnsinn! Und haben Sie mal nachgerechnet, wie groß die beiden Luken gewesen sein müssen? Knappe 50 Zentimeter im Quadrat! Also jeder halbwegs normale Mensch muß das alles in allem für einen ausgemachten Schwindel erkennen! Der Noah war ein Oberlügner! Und nun wissen Sie, was ich von einem Menschen halte, der einen Oberlügner als Namenspatron für seinen Sohn auswählt! Ja, ja, die Auserwählten! Ha, ha, ha! So, das war's! Ich habe mich sehr gefreut, Ihre Bekanntschaft gemacht zu haben! Tschüß!"

Damit hatte sich die Dame Schultheiß aus Berlin kurz und bündig verabschiedet. Da meine Frau nicht die ganze Unterhaltung mitbekommen hatte, mußte ich ihr auf dem Rückweg alles haarklein berichten.

Wir freuten uns, trotz allem, daß es noch mehr Aufgeweckte gibt, die nicht nur lesen können, sondern dies sogar tun.

***

JONA / JONATAN

Im letzten Sommer waren wir, meine Frau und ich, nach Rügen gefahren. Das heißt, wir waren vor der Saison dort, denn als ‘Rentner’ müssen wir ja nicht unbedingt verreisen, wenn in den großen Ferien halb Deutschland unterwegs ist.

Wir sind auch nicht auf der Autobahn gefahren, sondern wir benutzten gemütlich die ‘Deutsche Alleenstraße’. Die ganze Fahrt ist ein Genuß für denjenigen, der sich an der Natur berauschen kann, ohne betrunken zu werden. Man kommt von einem Staunen ins andere. Immer wieder machten wir uns gegenseitig auf die unterschiedlichen Schönheiten der Alleen aufmerksam. Die Fahrt hatte uns so begeistert, daß wir unseren Freunden empfohlen haben, diese Naturschönheiten nicht zu versäumen. - Und übernachten kann man in irgend einem kleinen Städtchen. Man findet in gemütlichen, preiswerten Gasthäusern oder Hotels immer eine Möglichkeit, weil sie nicht so überlaufen sind.

Nach diesem herrlichen Erlebnis machten wir kurz halt vor dem Rügendamm. Indem ich in eine ungewisse Richtung vorn rechts zeigte, sagte ich zu meiner Frau: „Siehst du dort diesen kolossalen Findling? Dort hat man eine Bronzetafel mit folgendem Inhalt angebracht:

In der Regierungszeit des Führers und Reichskanzlers
ADOLF HITLER
1933 - 1945 wurde im Jahre 1936
der Rügendamm in Betrieb genommen.“

Meine Frau suchte mit gespanntem Gesicht ungläubig die ganze Gegend ab. Endlich fand sie ihre Sprache wieder: „Na, du hast mir vielleicht einen freudigen Schrecken eingejagt! Zuerst habe ich doch tatsächlich geglaubt, daß es hier noch ehrliche Menschen gibt! - Aber das ist ja alles Unsinn! Schon in DDR-Zeiten hätten sie dem Adolf einen Strick um den Stein gelegt und ihn dort versenkt, wo das Meer am tiefsten ist.“

„Römer 3 Vers 7,“ sagte ich.

„Was soll das nun schon wieder?“ fragte meine Frau unsicher.

„Wenn aber die Wahrheiten der Demokratien sich durch meine Unwahrheiten als noch größer erweisen und so die Demokratie verherrlicht wird, warum werde ich dann als Sünder gerichtet?“ zitierte ich die Bibel ein bißchen abgewandelt.

Meine Frau schmunzelte kopfschüttelnd, und ich setzte die Fahrt durch Rügens Alleen in Richtung Göhren fort.

Wir waren in den nächsten Tagen vom Wetter, von der Seeluft, von der Landschaft und allem so begeistert, daß ich mich versucht sehe, eine Reisebeschreibung zu geben. Aber das würde nicht in diesen Rahmen passen. Also bleibe ich bei meinem 'Leisten'.

Wir saßen eines Tages in der Nähe der Göhrener Strandpromenade, da, wo wir noch einen Blick zur Ostsee und zu den flanierenden Menschen hatten, dicht bei einer Grünfläche, auf der Kinder sich austoben konnten. Für Unterhaltung war also gesorgt.

Gerade als ich der Aufforderung meiner Frau folgte, mir zwei übergewichtige Damen anzusehen, die sich spazierend an einem Eis gütlich taten, bekam ich einen Kinderfußball an den Kopf, so daß mein Sonnenhut aufgeschreckt das Weite suchte. Der Schuß tat keineswegs weh. Wir haben absolutes Verständnis für die Bedürfnisse der Kinder, sich auszutoben. Wir hätten uns ja auch wo anders hinsetzen können, wo alte Leute unter sich sind. Aber gerade das wollten wir nicht. Wir suchen nämlich immer den Kontakt zu jungen Generationen, auch wenn es in diesem Falle mit Hilfe eines Fußballs war. Wir amüsierten uns also über den Kopfschuß und ließen den Kleinen, der so etwa fünf Jahre alt gewesen sein dürfte, erkennen, daß ich kein Spielverderber bin. - Die dazu gehörige Mutter hatten wir zwar mit einem Nebenblick wahrgenommen und hörten auch ihren Ordnungsruf, aber die beiden fetten Damen interessierten mich weit mehr.

Es dauerte gar nicht lange, da hatte ich schon wieder einen Schuß vor den Bug bekommen. Haarscharf an mir vorbei, aber doch so, daß ich ein bißchen zusammenzuckte.

Wir schauten zu dem Jungen, der wohl auf meine Reaktion gespannt zu sein schien und zur Mutter, die auf der übernächsten Bank saß und von mir auf Anfang dreißig geschätzt wurde. Sie machte nicht nur eine um Entschuldigung bittende Geste zu mir herüber, sondern sie schimpfte mit ihrem Sohn in einer Art, die uns, besonders mich aufhorchen ließ: „Jona, du sollst endlich aufpassen, wo du den Ball hinschießt!"

'Jona' war für mich das Stichwort, mich neugierig werden zu lassen. Ich wechselte ein paar Worte mit meiner Frau, wie ich es wohl anstellen könnte, mit der Mutter darüber zu sprechen, wie der Junge zu dem Namen 'Jona' gekommen ist.

Wir waren noch bei unserer kleinen Debatte, als diesmal mein Hut von hinten einen Volltreffer bekam und er, durch den Seewind angetrieben, die Flucht ergriff. Während ich mich gar nicht überstürzt auf die Verfolgung meines Hutes machen wollte, schimpfte die gereizte Mutter lautstark mit ihrem Sprößling und rannte nun mit mir um die Wette meinem Hut nach. Dabei wurde ich unwillkürlich gebremst, als ich hörte, wie die Mutter rückwärts schauend ihren Jungen mit 'Jonatan' ansprach, fast anschrie. Sie war also ziemlich sauer auf den Nachwuchs, und er hieß jetzt nicht mehr 'Jona', sondern 'Jonatan'.

Das beeindruckte mich so stark, daß ich das Wettrennen aufgab, das Schicksal meines Hutes dieser jungen Frau überließ und mich noch mehr auf den Jungen konzentrierte, der wie angewurzelt stehen blieb und weder auf 'Jona' noch auf 'Jonatan' reagierte.

Während ich mich langsam zu meiner Bank mit meiner Frau bewegte, dabei Mutter, Hut und Jona-Jonatan im Auge behielt, war mein Plan bereits fertig.

Ohne auf meinen Strohhut treten zu müssen, hatte die junge Frau den Ausreißer erwischt. Es war ein kleiner Trick von mir gewesen, den Wettlauf aufzugeben. Mein Alter rechtfertigte dies. Ich wollte damit aber erreichen, daß die Dame zu unserer Bank kommen mußte. Nach der Regel: 'Junger Mann muß Glück haben, altes Mädchen Geld' ging meine Rechnung auf.

„Ich bitte Sie vielmals um Entschuldigung. Mein Sohn hat noch nicht das richtige Gespür dafür, was er tun darf und was nicht!“ Mit diesen Worten überreichte sie mir meinen unversehrten Sommerhut. Und ich bat sie, bei uns Platz zu nehmen, was sie anscheinend gern befolgte.

Da das Thema Kinder etwas für meine Frau ist, übernahm sie ohne vorherige Absprache die folgende Unterhaltung über Erziehungsfragen und den nötigen Tatendrang der Kinder. Das war für meine Absicht die 'Aufwärmeinleitung'.

Endlich kam ich zum Zuge. Ich klärte sie über mein Steckenpferd auf, mich für die Gründe zu interessieren, welche die Menschen bewegen, ihren Kindern Namen zu geben, die nicht in unseren Kulturkreis passen.

„Nein,“ sagte sie, „ob der Name Jona nun biblisch ist oder nicht, das war uns völlig egal. Wir hatten in unserer Nachbarschaft ein Ehepaar, das so zehn Jahre älter war als wir, und die hatten einen fünfjährigen Jungen, der Jona hieß. In dieses Kind waren wir fast verliebt, so daß wir beschlossen, unserm Jungen ebenfalls diesen Namen zu geben."

„Haben Sie sich denn gar nicht dafür interessiert, woher der Name kommt?"

„Nein, das war uns damals nicht wichtig. Sie machen mich jetzt allerdings neugierig. Und ich hoffe, Sie können mir mehr darüber erzählen, damit ich meinen Mann ebenfalls aufklären kann. Zuerst muß ich Sie aber fragen, ob Sie sich selber vorher so viel Gedanken darüber gemacht haben, woher der Name kommt, welche Bedeutung er hat und so weiter, bevor Sie Ihren Kindern Namen gegeben haben? Vorausgesetzt, Sie haben Kinder!"

Und wie recht die junge Frau hatte! Meine Frau und ich sahen uns schweigend an. Ich erinnerte mich kurz daran, wie wir auf die Namen unserer Kinder gekommen waren. Es hatten tatsächlich keine tiefgründigen Forschungen stattgefunden. Uns hatte der Name Eckart so gut gefallen, weil wir eine Erzählung gelesen hatten, in der ein 'Eckart' eine vorbildliche Rolle spielte. 'Lutz' hatte uns gefallen, weil wir die Idee hatten, die folgenden Kinder 'Götz' und Utz zu nennen, weil sie so schön kurz waren. 'Karin' schien uns ein nordischer Name zu sein. Auch die erste Frau von Hermann Göring hieß 'Karin', und sie hatte auf uns einen ganz ausgezeichneten Eindruck gemacht. Das waren jetzt meine vorbeihuschenden Gedanken gewesen. Zum Glück erlöste mich meine Hutretterin von weiteren Überlegungen.

„Haben Sie etwa keine Kinder? - Müssen Sie erst darüber nachdenken?"

„Selbstverständlich haben wir Kinder. Ich hatte nur eben mal nachgedacht, wie wir auf die Namen unserer Kinder gekommen sind. Aber wenn es Ihnen recht ist, bleiben wir noch etwas bei Ihrem Jona. Wie ich höre, kommen Sie aus Sachsen oder Thüringen. Gibt es da vielleicht doch einen religiösen oder politischen Zusammenhang mit dem Namen 'Jona'?"

„Wie soll ich denn das verstehen, politisch, religiös?"

„Nun, Sie könnten aus Protest gegen das SED-Regime sich der Kirche angeschlossen haben. Damit wäre die Verbindung Politik und Kirche schon gegeben."

„Ach, bewahre! Mein Mann und ich sind in keiner Kirche. Wir gingen zur Jugendweihe. Aber das brauchte nicht zu heißen, daß wir für die SED waren. Im übrigen gab es genug Kirchenleute, die es mit der SED gehalten haben. Bei den Montagsdemos in Leipzig waren nicht nur Christen. Dort hatten sie lediglich das Glück, daß über den dortigen Kirchenrat die ganze Gegenorganisation lief."

„Was mich nun interessiert," mußte ich die junge Frau in ihrem Redefluß stoppen, „ob Sie bisher niemand darauf angesprochen hat, warum Sie den biblischen Namen 'Jona' gewählt haben?"

„Nein, danach hat uns kein Mensch gefragt. Ich sagte ja schon: In unserer Straße gab es diesen netten kleinen Jungen, der Jona hieß, und das war der Anstoß. Da Sie aber so hartnäckig fragen, möchte ich von Ihnen wissen, warum Sie das tun. Ist der Jona aus der Bibel ein guter Kerl oder etwa nicht?"

„Im Laufe meiner Untersuchungen habe ich feststellen müssen, daß Namen eine Modeerscheinung sind. Wie Sie schon sagten: Ihre Wahl hatte nichts mit dem biblischen Jona zu tun, sondern geschah allein aus dem Grunde, weil Ihnen der Name in Verbindung zu dem Kind aus der Nachbarschaft irgendwie nachahmenswert erschien. Aber ich muß ehrlich sagen, daß ich mich darüber wundere, wenn Sie und Ihr Mann keinen Versuch unternommen haben, tiefer zu forschen."

„Sie machen es ja richtig spannend. Wenn Sie also Bescheid wissen, dann möchte ich auch wissen, was es mit dem Jona auf sich hat! Bitte!"

„Na gut. Ich will's versuchen: Der Jona wird im Alten Testament zu den Propheten gezählt. So über den Daumen gepeilt gibt es davon etwa zwei Dutzend, die namentlich genannt werden. Im Text des Alten Testaments ist von Hunderten die Rede. Man kann sagen, sie 'spannen' alle. Sie weissagten alle das Blaue vom Himmel herunter und bekämpften sich untereinander. Für viele Forscher handelte es sich um Menschen, die wie Märchenerzähler mit Karawanen durch die Lande zogen und das Volk mit ihren Geschichten unterhielten.

Dieser Jona war selbstverständlich Jude, wie alle diese sogenannten Propheten. Er befand sich auf einer Schiffsreise im Mittelmeer, als ein Sturm ausbrach. Da er angeblich mit seinem Gott Jaweh gerade auf Kriegsfuß stand, meinten die anderen Reisenden, darin sei die Ursache für den Sturm zu suchen. Um Jaweh auf gutes Wetter umzustimmen, schmissen sie den Jona einfach über Bord. Die Maßnahme hatte Erfolg. Der Sturm legte sich. Aber Jaweh hatte seine Meinung über Jona wohl im Fluge geändert und wollte ihn aus der mißlichen Lage retten. Da kein Land in Sicht war, beauftragte er einen großen Fisch, den Jona zu schnappen und drei Tage lang in seinem Bauch zu beherbergen. Danach hat der Fisch mit Kurs auf die Küste den Jona an Land gespuckt."

Die junge Frau sah mir in die Augen und schien auf eine Fortsetzung zu warten. Als ich stumm blieb und nur schmunzelte, meinte sie: „Das war sicher ein orientalisches Märchen. So etwas kann doch wohl kaum in der Bibel stehen! Oder?"

„Das ist kurz erzählt die Geschichte über den biblischen Jona! Für mich hat der Kerl, wenn er überhaupt gelebt hat, denn man weiß nicht einmal, wer der Autor dieses Märchens ist, faustdick aufgetragen! Als Märchen gut, aber im Rahmen einer Religion unmöglich!"

„Ich halte dieses Märchen aber gar nicht für so schlimm, als daß man nun den Namen 'Jona' nicht durchs Leben tragen könnte. Sehen Sie, der Baron von Münchhausen hat ja auch tüchtig geflunkert."

„Es gibt da einen 'kleinen' Unterschied: Der Lügenbaron hat seine Abenteuer-Geschichten als solche öffentlich bekannt. Er wollte die Menschen damit lediglich unterhalten. Der Jona dagegen gehört zum Inhalt der mosaischen Religion! Hier soll, wie in der ganzen Bibel, bewiesen werden, daß es einen persönlichen Gott gibt, den man nach eigenen Bedürfnissen beeinflussen kann, und zwar durch gute oder schlechte Taten. Ich meine, wenn solche Möglichkeiten gegeben sind, dann ist das System von 'kleine Geschenke erhalten die Freundschaft' über 'eine Hand wäscht die andere' und bis zur Korruption nicht mehr weit."

„Sind dies Ihre ganzen Argumente gegen den Namen Jona?"

„Damit Sie mich nicht falsch verstehen: Ich bin nicht grundsätzlich gegen irgend einen Namen! Ich meine nur, man sollte sich doch ein bißchen darüber informieren, um gelegentlich mitreden zu können. Außerdem haben Sie, wenn ich das richtig verstanden habe, Ihren Sohn, als Sie über seinen Schuß an meinen Hut sehr verärgert waren, 'Jonatan' gerufen. Heißt er nun Jona oder Jonatan?"

Meine Nachbarin sah etwas verdutzt zu mir auf und meinte schließlich: „Ich denke, Jona ist die gebräuchliche Kurz- oder Koseform von Jonatan? Ist es denn nicht so?"

„Bei Namen kann es manchmal schon die komischsten Verrenkungen geben. Ich las einmal, daß in Italien ein Erzkommunist seinen Sohn 'Lenin' taufen lassen wollte. Das ist sogar ein doppelter Witz: Als **Kommunist** will er sein Kind **taufen** lassen und dann noch mit dem Vornamen 'Lenin', der offiziell gar kein Vorname ist!

Nun aber zum Namen Ihres kleinen Sohnes: Jonatan ist ebenfalls eine Gestalt aus der Bibel, aus dem Alten Testament. Dieser Mann war ein Sohn des jüdischen Königs Saul, der wiederum der Schwiegervater von König David war. Saul und David standen mehrfach auf Kriegsfuß. Saul lebte zeitweise im religiösen Wahn. Außerdem forderte er von seinem Schwiegersohn als Brautpreis die Tötung von hundert Feinden auf grausamste Weise, die David mit zweihundert mehr als erfüllte.

Sauls Sohn Jonatan war aber ein besonders guter Freund und auch Schwager von David. In der Bibel steht, sie weinten miteinander, und sie küßten sich ..."

„Darf ich Sie mal unterbrechen! Waren die beiden denn schwul?"

„Das steht nicht in der Bibel, aber das sind auch meine Vermutungen. Im Alten Testament kommen nämlich so viele Schweinereien vor, daß man über eine solche Bagatelle sicher kein Wort verloren hat. - Ja, das ist in kurzen Zügen das Bild von Jonatan!"

„Also ich höre jetzt zum ersten Mal davon. Ich weiß nicht, ob viele Menschen darüber Bescheid wissen. Noch nie hat mich jemand angesprochen und mich so befragt, wie Sie es jetzt tun! Schon aus dem Grund, weil kaum ein Mensch weiß, was diese Namen bedeuten, möchte ich nichts daran ändern. Gut, den 'Jonatan' kann ich ja in Zukunft weglassen. Aber mein 'Jona' bleibt! Und meinem Mann werde ich beide Geschichten erzählen, genauso, wie Sie mir alles aus dem Alten Testament erzählt haben. Ich bin schon neugierig, was er dazu sagen wird."

Meine Frau und die junge Dame haben sich dann noch eine Weile über das unerschöpfliche Thema 'Kinder' unterhalten. Als sich die junge Mutter mit ihrem 'Jona' freundlich verabschiedete, sagte sie in recht verbindlicher Art: „ Ach, hätten Sie wohl eine Besuchskarte? Falls mein Mann mehr Interesse haben sollte, wird er sich bestimmt bei Ihnen melden."

Inzwischen ist ein halbes Jahr vergangen. Gehört habe ich in Sachen 'Jona' nichts mehr.

***

ELIAS

Eines Tages, es ist noch gar nicht so lange her, las ich in der Zeitung von der Geburt eines Kindes in der Familie eines weltbekannten Berufssportlers. - Es lohnt sich kaum darüber nachzudenken, was es alles für Sportler oder auch für Berufe gibt. Geld ist die Devise auf allen Gebieten. Deshalb hat der Sport auch keine Bedeutung mehr für die körperliche Ertüchtigung des Volkes insgesamt. Lassen wir das!

Also das Kind, ein Junge, soll Elias heißen. Da Namen zu meinem Hobby gehören, fragte ich brieflich bei diesem Großverdiener nach dem Beweggrund für den Namen Elias an. Wie das so ist bei den Großen und großen Verdienern unserer Zeit, ich bekam keine Antwort; vermutlich weil ich nur Kleinverdiener bin, also nicht beachtenswert.

Über dieses Problem sprach ich mit einem jüngeren Herrn aus meiner Nachbarschaft, den ich schon lange vom Sehen her kannte, und der mir einen umgänglichen Eindruck machte. Wir grüßten uns auch schon längere Zeit. Jetzt sprach ich ihn an. Ich erzählte ihm von meinem Steckenpferd, den Grund der Namensgebung zu erforschen. Und tatsächlich biß dieser Freundliche immer Grüßende an. Wir einigten uns: er wollte die Rolle des neugebackenen Vaters übernehmen und auf meine Fragen antworten. Wir verabredeten uns für einen dienstfreien Tag bei mir zu Hause, an dem er mir zur Verfügung stehen wollte.

„Ich bin schon sehr gespannt, welchen Namen Sie mir verraten werden. Ich weiß allerdings nicht, ob ich für Sie der richtige Gesprächspartner bin, denn ich habe überhaupt keine Ahnung von der Bedeutung von Namen," sagte der junge Mann.

„Das macht nichts! Ich habe nämlich festgestellt, daß die meisten Menschen nichts darüber wissen und einfach in die große Tüte mit den Namen greifen - und schon haben sie einen erwischt. Oder sie informieren sich aus der Zeitung, was gerade Mode ist.

Da hat also ein Kind den Namen 'Elias' bekommen. Was fällt Ihnen dazu ein?"

„Sie werden lachen! Das habe ich zufällig vor ein paar Tagen gehört. Das ist der Name des 2. Kindes von Horst Schuster! Haben wir damit schon den Fall gelöst?"

„So gut wie! Es fehlt nur noch die Kleinigkeit jetzt zu erklären, was Sie sich dabei gedacht haben könnten, wenn es um Ihren Sohn und diesen Namen ginge!“

„Wir haben noch keine Kinder. Aber vielleicht ist dieses Gespräch hilfreich, wenn wir mal in die Lage kommen sollten. - ’Elias’ sagt mir gar nichts! Er klingt mir so biblisch? Kann das sein?“

„Das ist schon mal sehr ‘heiß’! Er ist biblisch! Haben Sie vielleicht noch einen kleinen Hinweis, was mit dem Namen zusammenhängen könnte?“

„Nein, hier muß ich passen! Die Sache fängt an, mich zu interessieren. Vielleicht mal für den eigenen Hausgebrauch! Können Sie mir wohl mehr darüber verraten? Wenn ich jetzt schon bei Ihnen bin, dann will ich’s auch wissen! Was ist also los mit diesem ‘Elias’? Schließlich kann man ja nicht dümmer werden, wenn man etwas darüber erfährt!“

Ich holte eine meiner drei Bibeln vor, und mein junger Freund machte ein langes Gesicht: „O Gott, wollen Sie jetzt mit mir eine Bibelstunde abhalten?“

„Keine Sorge! Nur ein paar Sätze aus 1. Könige 17 bis 19 und aus 2. Könige 2,2. Es ist wirklich nicht viel. Ich lese die Stellen vor, wo von diesem Elias die Rede ist.“

„Na, dann mal los!“ sagte der Vateranwärter. „Mal sehen, was das für ein Held ist!“

„Der Prophet Elias sagt seinem König Ahab, daß es in seiner Macht stehe, ob in diesem Jahr Regen fällt oder nicht. Das zur Einleitung.“

„Haben Sie etwas dagegen, wenn ich zwischendurch Fragen stelle?“

„Nein, mit Fragen werden manche Probleme gelöst. Also, auf geht’s!“

„Ich meine, das ist doch schon mal ein Schwindel, wenn sich jemand aufspielt, er könnte für Regen sorgen, wie es ihm gerade einfällt!“

„Richtig! Nun aber weiter: *‘Danach erging das Wort des HERRN an Elias: Geh weg von hier ... verbirg dich am Bach Kerit ... Aus dem Bach sollst du trinken, und den Raben habe ich befohlen, daß sie dich ernähren ... Die Raben brachten ihm Brot und Fleisch am Morgen und am Abend, und er trank aus dem Bach; denn es fiel kein Regen.’*“

Der junge Mann meldete sich zu Wort: „Für mich ist dieser Elias ein Angeber! Ein Märchenerzähler, gelinde gesagt. Ist das schon alles?“

„Nein! Der Inhalt des folgenden Textes ist etwa der: Elias kommt zu einer Witwe, die am Hungertuch nagt, und er bittet sie um Brot. Sie sagt ihm, daß sie nichts habe, außer Wasser. Elias sagt ihr, sie sollte nur in ihre Hütte gehen, und dort würde sie alles Nötige finden. Tatsächlich findet sie Mehl und backt daraus Brot.

Die Witwe hat auch einen kleinen Sohn, der sterbenskrank ist. Elias läßt sich den Sohn geben, der bereits tot ist, und Elias ruft das Kind wieder ins Leben zurück."

„Was soll man davon halten?" fragte mein Nachbar. „War der Elias etwa Arzt oder etwas Ähnliches? War das Kind vielleicht noch nicht tot?"

„Ja, das hat eben die Bibel so an sich. Lauter Wunder! In der 'Heiligen Schrift' heißt es: *'Der Mehltopf wurde nicht leer, und der Oelkrug versiegte nicht, wie der HERR durch Elias versprochen hatte.'* Was halten Sie davon?"

„Wissen Sie, ich habe mich niemals mit der Bibel befaßt. Außer ein paar Sprüchen, die Weihnachtsgeschichte oder über Jesu Kreuzigung, aber sonst weiß ich gar nichts. Dieses Märchen von dem Elias kommt mir doch aber recht albern vor. Da ich das jetzt bei Ihnen erfahre, würde ich meinem Sohn nie den Namen 'Elias' geben! Ich kann mir auch nicht vorstellen, daß der Horst Schuster seinen Sohn so nennen würde, wenn er Bescheid wüßte."

„Nachdem Elias mit Mehl und Oel und dem Erwecken des toten Jungen zum Leben gezaubert hatte, geht der Text so weiter: *'Da sagte die Frau zu Elias: Jetzt weiß ich, daß du ein Mann Gottes bist und daß das Wort des HERRN wirklich in deinem Mund ist.'*"

„Also das halte ich für Betrug! Es kann doch niemals wahr sein, daß Mehl und Oel einfach kein Ende nehmen, wenn laufend davon verbraucht wird! Der Mann ist ein Gauner! 'Elias' hat jetzt schon bei mir verspielt!"

Ich habe den jungen Freund nicht in seinem Urteil unterbrochen. Er war ziemlich aufgebracht darüber, daß sich dieser Schuster nicht genügend informiert haben sollte.

„Es kommt noch besser," klärte ich ihn auf. „Damals muß es besonders viele Menschen gegeben haben, die im religiösen Wahn lebten. Anders sind auch die vielen Propheten nicht zu erklären, die zu Hunderten auftraten. Nach der Bibel war wieder einmal Krach unter den Juden. Die einen blieben bei ihrem Gott Jaweh, die anderen hatten sich einen neuen gezimmert: den Baal. Diese beiden Gruppen stießen aufeinander. Elias war der Anführer der Jawehanhänger. Er schlug vor, jede Gruppe sollte ein Stieropfer bringen. Das Tier sollte auf einem Altar hergerichtet werden und der jeweilige Gott, Jaweh oder Baal sollte dann das Feuer entzünden. Zuerst sollte dem Baal-Gott geopfert werden. Obgleich die Anhänger nach Leibeskräften schrien und ihren Gott anriefen, es geschah nichts. Elias triumphierte.

Dann baute er einen neuen Altar, und der tote Stier sollte in Flammen aufgehen. Elias ließ sogar einige Kübel Wasser darüber ausgießen, um zu beweisen, daß kein fauler Zauber damit verbunden sei. Und was dann geschah, hört sich in der Bibel so an:

'HERR, Gott Abrahams, Isaaks und Israels, heute soll man erkennen, daß du Gott bist in Israel, daß ich dein Knecht bin und all das in deinem Auftrag tue. Erhöre mich, HERR, erhöre mich! Dieses Volk soll erkennen, daß du, HERR, der wahre Gott bist und daß du sein Herz zur Umkehr wendest. Da kam das Feuer des HERRN herab und verzehrte das Brandopfer, das Holz, die Steine und die Erde. Auch das Wasser im Graben leckte es auf...' - Nun, wie gefällt Ihnen dies?"

„Ich denke gerade darüber nach, ob vielleicht ein Trick beim plötzlichen Brand möglich gewesen sein kann. Zwar habe ich keine Ahnung, ob dies die Lösung ist, aber wie sieht es denn mit Karbid aus? Wenn man Wasser darüber gießt, dann erst ist die Verbindung möglich, die das Zeug brennbar macht, oder?"

„Nun, der alte Mose hat schon in ähnlichen Fällen mit Pulver, Wolken, Blitz und Donner seine Mätzchen gemacht, um die verblüfften Juden am Nasenring herumzuführen. Auch ich halte diese Sache für einen ausgemachten Zaubertrick, oder es ist ein Märchen aus dem Morgenland. Das Ende dieser Veranstaltung sieht laut Bibel so aus:

'Das ganze Volk sah es, warf sich auf das Angesicht nieder und rief: Jaweh ist Gott, Jaweh ist Gott! Elias aber befahl ihnen: Ergreift die Propheten des Baal! Keiner von ihnen soll entkommen. Man ergriff sie, und Elias ließ sie zum Bach Kischon hinabführen und dort töten.' - Wie gefällt Ihnen jetzt der Elias?"

„Und das steht wirklich in der Bibel? Es ist einfach unglaublich! Warum hat denn keiner dem Schuster gesagt, was er mit dem Namen 'Elias' seinem Sohn antut? Das ist ja ein richtiger Verbrecher!"

„Der Ausklang der biblischen Geschichte über Elias sieht in kurzen Worten so aus, daß er in der Lage ist, einen Fluß, über den er gelangen will, mit seinem Mantel verprügelt, bis sich die Wasser nach links und rechts teilen und unser Zauberer Elias trockenen Fußes hindurchschreitet!"

Wir haben anschließend eine ganze Weile über das Thema Bibel gesprochen und vor allem über die Geschäfte der geistlichen Machthaber, die es verstehen, eine sogenannte Religion als Mittel zur Macht allgemein und vor allem zu persönlichen egoistischen Zwecken anzuwenden.

Es freute mich ganz besonders, daß die Wißbegier meines jungen Freundes so stark wurde, daß er sich mehr um das Unwesen kümmern wollte, das mit dieser Art der Volksverdummung angerichtet wird. Und wenn es einmal soweit sein sollte, daß er auf Namenssuche gehen muß, dann würde er sich mit mir in Verbindung setzen.

***

REBEKKA

Mein Freund Marcel Levi, der früher Max Weiß hieß, war wieder einmal in Deutschland. Er kam aus Jerusalem, seinem jetzigen Wohnort, und er ist Jude, was Sie sicher bereits erraten haben. Unsere Freundschaft besteht schon über zwanzig Jahre. Es hatte damals einige Mühe gemacht, ihn davon zu überzeugen, daß ich ein echter 'Alter Kämpfer' gewesen war, denn er hielt mich ausnahmsweise 'für einen anständigen Deutschen', der niemals ein 'Nazi' gewesen sein konnte.

Da ich mich in biblischer Geschichte und auch in der späteren jüdischen Geschichte gut auskenne, fiel es mir nicht schwer, ihn ebenfalls quasi zu einem 'anständigen Juden' zu erklären; wenn Sie verstehen, was ich damit meine. - Damit waren wir quitt.

Danach haben sich unsere Gespräche auf einer Basis bewegt, die man heute selten bei unterschiedlichen Ansichten und Meinungen findet. Am schlimmsten ist dieses Problem in Deutschland, weil sich die deutschen Volksgenossen oft jüdischer gebärden als die Juden selbst.

So saß ich vor kurzem mit meinem Freund Marcel bei schönstem Sommerwetter in der Ecke eines Gartenrestaurants, wo wir von unserem Platz aus die vielen anderen Besucher beobachten konnten. Es blieb dabei nicht aus, daß wir gelegentlich Gesprächsbrocken aufschnappten, die uns spontan zu unserm eigenen 'Senf' veranlaßten.

Als wir von einem der Nachbartische den Namen 'Lucas' hörten, war mir nicht entgangen, daß Marcel nicht nur seine Ohren spitzte, sondern auch mit Blicken vermutlich zu ergründen suchte, wie er den Namensträger einzuordnen habe.

Als wenig später eine 'Rebekka' auch noch unsere Aufmerksamkeit erregte, trafen sich Marcels und mein Blick keineswegs zufällig.

„Ich fühle mich fast wie zu Hause," sagte Marcel schmunzelnd.

„Ja, ja," sagte ich kopfnickend, aber traurig „'Der Spiegel' hat in einem Interview mit einem deiner Volksgenossen bestätigt: 'Die Welt ist jüdischer geworden.' - Ich habe ja nichts dagegen, wenn man in Israel all die biblischen Namen hört. Aber in Europa passen sie doch absolut nicht hinein. Es gibt genug europäische Namen germanischen Ursprungs. Wir sind hier zu wenig traditionsbewußt."

„Eigentlich finde ich es auch fast traurig, daß Europa seiner Herkunft nicht treu bleiben will," sagte Marcel. - Und ich nahm ihm diese Äußerung ab. Er hatte schon früher zum Ausdruck gebracht, daß die Vielfalt der Völker in ihren Staaten erst den Reiz des Reisens ausmache.

Ich war in Gedanken noch bei dem eben gehörten Namen 'Rebekka'. - Da ich wußte, daß Marcel's Tochter ebenfalls diesen Namen trägt, fragte ich ihn: „Es ist interessant für mich zu erfahren, was dich bewogen hat - und deine Frau natürlich - eure Tochter Rebekka zu nennen?"

„Nun," sagte er, „es ist doch ein eindeutig biblischer Name. Wir pflegen eben die Tradition! Wir sind stolz, solche Namen in unseren Familien zu haben, und deshalb geben wir sie unsern Kindern weiter!"

„Das kann ich mir gut vorstellen," stimmte ich ihm zu. „Aber macht ihr euch keine Gedanken darüber, welche Rolle der Charakter und die Lebensweise des Namensgebers spielen? Ich meine, ob ihr auch das Leben dieser Traditionsfigur bejahen könnt?"

„Du meinst also, wir hätten erst einmal überlegen sollen, ob hier das gewünschte Vorbild, zum Beispiel für unsere Rebekka, ausschlaggebend war?"

„Genau das meine ich!"

„Ja, mein Lieber, wir haben den Vorteil, daß Religion, Volk, Tradition und tägliches Leben unzertrennlich sind. Wir brauchen keine besonderen Überlegungen anzustellen, ob da etwas nicht in Ordnung sein könnte. Der Name allein genügt! Er ist in der Tradition unserer Vorfahren immer wieder aufgetreten. Rebekka ist die Frau Isaaks gewesen. Er, Abraham und Jakob sind unsere Erzväter, und ihre Frauen gehören zu diesen Erzfamilien, und das genügt uns."

„Ja, ja, das ist mir längst klar. Nur meine ich, man kann sich doch mal in stillen Stunden darüber Gedanken machen, welches Leben die Träger dieser traditionellen Namen geführt haben. Ob sie zum Beispiel ein solches Leben führten, daß sie mir als Vorbilder wie eine Fahne, die mich begeistern soll, voranflattern kann."

„Na, du machst mir Spaß!" sagte Marcel. „Ihr mit eurer deutschen Gründlichkeit, oder sollte ich sagen Pedanterie?"

„Wie du es nennen willst, ist mir egal. Aber warum vererbt man denn einen Namen, wenn einem der Charakter und der Lebenswandel dieses Namensträgers gleichgültig sind? Wenn du so denkst, dann handelst du ebenso wie diejenigen, die Namen als Modesache betrachten und keinen tieferen Sinn darin sehen."

„Ihr Deutschen macht aber auch aus allem ein Problem," sagte Marcel.

„Es handelt sich nicht um ein Problem, sondern um sinnvolles Handeln! Was ist verkehrt daran? - Im übrigen hast du den Namen Rebekka in gewisser Weise ja auch sinnvoll deiner Tochter gegeben. Meine Frage bedeutet also nur eine Erweiterung deiner Handlung aus Gewohnheit. Die ungeprüfte Tradition reicht da aus?"

„Du willst mich quasi darauf prüfen, ob ich mir Gedanken über Charakter und Lebenswandel unserer Ururgroßmutter Rebekka gemacht habe. Ist es das?"

„Genau! - Du hast es erfaßt!"

„Mein Lieber, dich kenne ich! Aber den Gefallen werde ich dir nicht bereiten, meine Ururgroßmutter Rebakka vor dir rechtfertigen zu müssen."

„Von rechtfertigen kann gar keine Rede sein! Ihr habt zu all den biblischen Namen eine instinktive Beziehung. - Aber es gibt ja andere Völker, zum Beispiel das deutsche Volk, das vom völkischen Grund her keinerlei Beziehungen zur Bibel hat. Die Bindung zu eurer Bibel wurde den Germanen mit Gewalt aufgezwungen. Und für mich hat leider der deutsche Martin Luther den Deutschen die alttestamentarischen Namen nähergebracht. Ob ihm dieses damals bewußt war, ist eine andere Frage. Dennoch interessiert es mich, was du an dem Namen Rebekka so beeindruckend findest. Du kennst doch eure Bibel! Ich will mich gern belehren lassen."

„Dich belehren?! Bei dir kann man sicher sein, daß es Überraschungen gibt. Welche? Ja, das werde ich bald erfahren. Aber ich werde dir nicht den Gefallen tun, meine Ururgroßmutter vor dir zu entblößen. Ich meine, was ihren Charakter, ihren Lebenswandel betrifft. Mir genügt sie so, wie sie war. Wenn es dir nicht reicht, dann bist du dran, mich nach deiner Art aufzuklären."

„Ich betone nochmals, mein lieber Marcel, ich werde über deine Ururgroßmutter nur insofern sprechen, als sie für uns Germanen keine Veranlassung gibt, sie als ein leuchtendes Vorbild unserer Kinder hinzustellen. Allein von dieser Warte aus betrachtet, solltest du meine Worte würdigen:

Rebekka ist die Schwester von Laban. Rebekkas Sohn Jakob - später wird er Israel heißen - hält bei seinem Onkel Laban um die Hand der Tochter Rahel an. Der Laban ist ein Gauner! Er hat seinem Schwiegersohn - und Neffen - statt die versprochene hübsche Rahel, für die er, um sie heiraten zu dürfen, sieben Jahre lang geschuftet hat, heute würde man das als Zwangsarbeit ansehen, in der Hochzeitsnacht die ältere und häßliche Lea zur Brautnacht ins Bett gesteckt. Jakob mußte noch einmal sieben Jahre zwangsdienen, damit er endlich die begehrte Rahel heiraten durfte.

Ich erzähle die Geschichte, um zu beleuchten, daß es vermutlich an den Genen liegt, von denen dein Volksgenosse Daniel Goldhagen spricht, wenn er sich über die Deutschen so abwertend ausläßt.

Denn viel früher schon zeigte Rebekka ähnliche gaunerhafte Züge. Sie hatte mit Isaak zwei Söhne, Zwillinge, von denen Esau der Erstgeborene war. Jakob kam als zweiter zur Welt. Das Erstgeburtsrecht hat bei euch eine besondere Bedeutung. Rebekka hatte ihr Herz allerdings an den Zweitgeborenen, den Jakob gehängt. Als das Familienoberhaupt Isaak seinen baldigen Tod ahnte, wollte er seinen Erstgeborenen mit dem entsprechenden Segen versehen.

Mutter Rebekka wollte dies um jeden Preis verhindern. Da ihr Mann, der Isaak, geistig nicht mehr auf der Höhe war, wandte sie mit Erfolg eine List an. Esau und Jakob waren im Wesen und Äußeren sehr unterschiedlich. Rebekka sorgte dafür, daß Jakob sich bei seinem Vater Isaak unerkannt für Esau ausgeben konnte, und so empfing er den begehrten Segen des Erstgeborenen zu Unrecht durch einen Betrug.

Schon vorher hatte Jakob seinem Bruder Esau das Erstgeburtsrecht unter Ausnutzung einer Notlage abgegaunert. Es ist anzunehmen, daß die Mutter Rebekka auch diesen Betrug ihres Lieblings Jakob gutgeheißen hat.

Daß der Jakob ein gleichwertiger großer Schlawiner wie sein Onkel und Schwiegervater Laban war, zeigte sich auch später, nachdem er Lea und Rahel geheiratet hatte und mit Laban auf Kriegsfuß stand. Diese Meisterleistung an Betrug kann man allerdings als Rache oder Heimzahlung für den Heiratsschwindel durchaus als angemessen ansehen. Aber daß Jakob die Familie des Liebhabers seiner Tochter Dina allesamt mit Hilfe seiner Söhne ermorden ließ, das ist schon ein starkes Stück.

Um aber bei dem 'Gutachten' deines Blutsbruders Goldhagen zu bleiben, der von der Kraft der Gene spricht, so sehe ich die negative charakterliche Vererbung durch die Stammesmutter Rebekka.

Wenn du dich veranlaßt fühlst, trotz dieser Sachlage Rebekka für vererbungswürdig zu halten, was den Namen betrifft, so habe ich absolut nichts dagegen. - Aber was, das erkläre mir bitte, sollte uns Germanen veranlassen, eine solche Stammesmutter des jüdischen Volkes als leuchtendes Vorbild für unser Volk hinzustellen und den Töchtern diesen Namen zu geben?“

Mein Freund Max, ich habe ihn zwischendurch auch schon mal mit seinem ursprünglichen Namen angesprochen, sagte erst einmal gar nichts. Das hat mir schon gut gefallen. Es war ein Zeichen dafür, daß er versuchte, sich ein Urteil aus germanischer Sicht zu bilden.

„Ja,“ sagte er endlich, als wir uns zugeprostet hatten, denn er hatte inzwischen zwei Kognak kommen lassen, „das kann auf den ersten Blick ein ähnlicher Blödsinn sein wie der, wenn wir Juden unsern Kindern zum Beispiel den Namen Siegfried oder Wolfgang geben. - Dennoch dürfte ein erheblicher Unterschied in der damit verbundenen Vorgehensweise liegen. Ich glaube, wenn Juden einen deutschen Namen annehmen, verbinden sie wahrscheinlich damit den Zweck, nicht gleich als Juden erkannt zu werden. Es dürfte wohl selten der Fall sein, daß sie mit dem Namen eine engere Verbundenheit mit dem deutschen Volk zum Ausdruck bringen wollen. Aus meinem Bekanntenkreis kenne ich keinen mit einem germanischen Namen.

Diese Überlegungen mußte ich anstellen, um deine Frage zu beantworten, über die Neigung der Deutschen, ihren Kindern biblische Namen zu geben. - Dir werde ich nichts Neues erzählen, wenn ich an die babylonische Gefangenschaft denke. Damals hatten die Juden doch bald die Oberhand gewonnen, und viele Perser wollten aus Angst Juden werden. Gewiß haben sie aus diesem Grunde auch jüdische Namen angenommen. Haben die Deutschen Angst? Das glaube ich nicht. Was bewegt sie also sonst? Suchen sie einen Vorteil, wenn sie einen jüdischen Namen tragen? Das muß ich in bestimmten Fällen vermuten.

Ich weiß da von einer Dame, ich bin ja öfter in Deutschland gewesen, und seit wir beide uns kennen, achte ich besonders auf mögliche Zusammenhänge. Die betreffende Dame heißt ausgerechnet Lea; beziehungsweise hat sie sich selbst diesen Namen gegeben. Sie steht sozusagen im öffentlichen Leben. Sie biedert sich immer wieder bei uns Juden an. Sie gebärdet sich oft genug jüdischer als wir Juden! Es ist manchmal richtig peinlich, ja geradezu widerlich. Wir Juden fühlen uns von soviel, du würdest sagen „Speichelleckerei, wie sie in der Bibel steht", so angewidert, daß wir quasi am liebsten wegsehen.

Daß wir beide Freunde sind, liegt vermutlich daran, daß wir ehrlich miteinander umgehen. Diesen „Speichelleckern" würde ich niemals über den Weg trauen.

Aber es gibt gerade bei euch Deutschen sicher noch andere Beweggründe zur Namensgebung. Obgleich helle deutsche Köpfe Großartigstes geleistet haben, ist die Masse der Deutschen wie eine Hammelherde, denen die Schäferhunde weggelaufen sind. Entschuldige, wenn ich mich so drastisch ausdrücke. Es ist jedoch meine ehrliche Meinung: Die Deutschen brauchen eine tatkräftige Führung, die ihnen sagt, wo's langgeht! Das ist im großen und ganzen bei anderen Völkern ebenso, aber die Deutschen sitzen seit vielen Jahren in der Tinte. Da macht sich die Führungslosigkeit besonders bemerkbar. - Und wenn du es nicht gerade an die große Glocke hängst, dann will ich dir noch dies verraten, was allerdings meine ganz private Meinung ist: Durch den dauernden Hinweis auf den Holocaust an den Juden werden **alle** Juden automatisch zu engelgleichen Wesen hochstilisiert. Und eure Kirchen helfen tüchtig mit. Was hatte doch mein Blutsbruder Disraeli gesagt: „Christentum ist Judentum für Nichtjuden." Und dieser eben besprochene Name kommt ja aus dem Jüdischen, und er wird vom Christentum gefördert! -

Andererseits höre ich, daß die Kirchen einen erheblichen Mitgliederschwund zu verzeichnen haben ... Wo wird das alles einmal enden?"

Wir haben bis lange in den Abend hinein geredet und noch manch einen Kognak getrunken. Ich habe mich bei diesem ehrlichen Juden so richtig wohl- aber leider nicht zu Hause gefühlt. Wir kamen beide zu dem Schluß, daß manchmal gar nicht die 'Blutsgruppe' für eine Verbundenheit ausschlaggebend ist, sondern die Gesinnung in Verbindung mit der Ehrlichkeit. Schade, daß er kein Germane ist. Wir könnten ihn hier gut gebrauchen!

***

BENJAMIN

Wenn man mit einer Sache befaßt ist, braucht man nicht gerade ausschließlich und den ganzen Tag darüber zu reden. Aber sobald das betreffende Thema irgendwo berührt wird, ist man hellhörig. So spitze ich natürlich besonders die Ohren, wenn Namen fallen. Da ich nun mal kontaktfreudig bin, fällt es mir nicht schwer, sehr schnell einen Anknüpfungspunkt zu finden. - Noch etwas: Bei meinem Thema Namensgebung waren die Angesprochenen in der überwiegenden Mehrzahl aufgeschlossen bis dankbar, ihnen durch Hinweise ihr Gesichtsfeld erweitert zu haben. Sogar bei Pfarrern war das der Fall.

Wir standen in einem Pflanzen- und Blumengeschäft. Das Angebot war so groß und so herrlich zusammengestellt, daß man aus dem Bewundern nicht herauskam. So genügte erst einmal ein Blickwechsel für ein gemeinsames Erlebnis. Das war dann auch der Punkt zu einem schwärmenden Gespräch über die Wunder der Natur. Darüber hinaus war die Gesprächspartnerin eine attraktive Frau. Daß sie etwa gute siebzig Jahre alt war, erhöhte die unsichtbare Verbundenheit durch Lebenserfahrung und der Immer-noch-Bereitschaft, in Ehrfurcht vor dem unermeßlichen Angebot der Natur zu staunen.

Wir ließen unseren Empfindungen freien Lauf, und es wurde ein bereicherndes Gespräch - für mich jedenfalls. Und bei der Dame hatte ich das Gefühl, daß auch sie sich freute, mit ihrer Begeisterung bei mir ein seelisches Mitschwingen zu entdecken.

Nach einigen Minuten erschien ein Junge von etwa zehn Jahren, ein Blondschopf: „Omi, ich habe dort hinten etwas Tolles entdeckt. Du mußt dir das unbedingt ansehen! Ich verrate aber noch nicht, was es ist. Du wirst staunen!“ - Mit diesen Worten wollte er seine Großmutter bei der Hand nehmen und dorthin entführen.

„Benjamin,“ sagte die Dame, „ich spreche gerade mit diesem Herrn. Ich komme sofort nach. Sag mir, in welcher Ecke ich dich finden kann, und geh schon mal vor!“ - Der Junge gab die passende Antwort und verschwand, denn seine Entdeckung schien ihn sehr in Anspruch zu nehmen.

„Darf ich kurz vom Thema abweichen, gnädige Frau? Da ich mich allgemein für Namen, zur Zeit aber gerade besonders für Vornamen interessiere, hätte ich gern gewußt, wer auf die Idee gekommen ist, ihrem Enkel den Namen Benjamin zu geben, und welches die Beweggründe waren."

Die Dame drehte sich voll zu mir um und sah mir in die Augen, ohne ein Wort zu sagen. -

„Habe ich in irgendein Fettnäpfchen getreten?" fragte ich, indem ich mit einer Gebärde um Verzeihung bat. „Das war nicht meine Absicht! - Kreiden Sie es mir bitte meiner angeborenen Neugierde an."

Mit einem begütigenden Ausdruck, der schon ins Vertrauliche ging, sagte sie: „Habe ich da etwa einen Gleichgesinnten gefunden? - Dann muß ich Ihnen verraten, daß ich nichts mit diesem Namen zu tun habe. Ich habe nämlich die Bibel gelesen, zwar nicht alles, aber ich weiß, wer Benjamin war und habe deshalb nur mit den Schultern gezuckt, als man diesem durch und durch deutschen Jungen den 'Benjamin' anhängen mußte. Aber was sollte ich machen? Ich bin ja nur die Großmutter ..."

Wir wollten den Jungen nicht zulange warten lassen. Da wir aber beide nicht im Sinn hatten, diese unerwartete Bekanntschaft gleich wieder in der Versenkung verschwinden zu lassen, beschlossen wir spontan, unsere Unterhaltung schnellsten fortzusetzen. Die Voraussetzung war günstig, denn diese Dame wohnte im Nachbardorf. Sie gab mir ihre Telefonnummer, ich besprach alles mit meiner Frau, und schon nach drei Tagen saßen wir in unserm Wintergarten bei einer Tasse Kaffee. Nach einer kurzen Einleitung befanden wir uns bereits bei meinem derzeitigen Lieblingsthema, weil unser Besuch drauf und dran war, mich als Verstärkung für ihre Absicht zu gewinnen, ihrem Enkel „endlich zu einem deutschen Namen" zu verhelfen, wie sie es ausdrückte.

„Ich habe schon gemerkt, daß Sie ein Experte sind," sagte sie voller guter Erwartungen. „Ich habe nur zwei Stellen im Alten Testament gefunden, wo von diesem jüdischen Benjamin die Rede ist. Einmal ist es seine Geburt, bei der die Mutter stirbt, und dann wird er beim Segen seines sterbenden Vaters Jakob-Israel erwähnt. Da kommt er gar nicht gut weg. Ich habe mir die Stelle noch einmal angesehen: *'Benjamin ist ein reißender Wolf: Am Morgen frißt er die Beute, am Abend teilt er den Fang.'* - Kennen Sie noch andere Stellen?" fragte die Dame

„Ich kann es jetzt so aus dem Stegreif auch nicht sagen, aber ich glaube, von ihm ist noch mal die Rede, als seine Brüder auf Hamstertour zu Josef nach Ägypten unterwegs waren. Grundsätzlich meine ich, daß wir

Deutschen überhaupt keine Veranlassung haben, diesen Judenjungen in irgendeiner Weise zu ehren. Und eigentlich sollte ein Vorbild der Sinn einer Namenserbschaft sein, nicht wahr?"

„Ich habe bei meinem Sohn und der Schwiegertochter schon öfter dieses Thema angeschnitten. So ganz glücklich sind sie heute auch nicht mehr mit dem Namen. Aber was kann man jetzt tun? Dazu kommt, daß sie erstens den guten deutschen Namen 'Bauer' haben, und daß zweitens - ganz zum Mißfallen aller - der Enkel von seinen Freunden 'Benni' genannt wird.

„Sie sollten, falls seine Eltern eine Änderung wirklich ins Auge fassen wollen, den Hauptbeteiligten fragen, was er davon hält! Denn gegen seinen Willen würde ich bei aller Abneigung zu keiner Änderung des Namens raten."

„Er hat ja noch einen zweiten Namen. Es ist der Name seines verstorbenen Großvaters, also meines Mannes: Heinrich. Leider hielt man diesen Namen für altmodisch, um ihn als Rufnamen eintragen zu lassen. Aber man kann ihn doch auf Heinz abkürzen. Das wurde, glaube ich, sogar im Mittelalter so gehalten?"

Meine Frau schaltete sich spontan ein: „Wir haben gute Freunde. Es ist ein junges Ehepaar. Sie haben ihrem ersten Sohn den Namen Heinrich gegeben und sind voller Stolz über diese Entscheidung. Sie suchten überall in der Literatur, welche 'Heinrichs' es in der Geschichte gibt, die man vorzeigen kann. Sie wollen, wenn ihr kleiner Heinz erst einmal alles versteht, nicht mit leeren Händen dastehen, sondern ihren Sohn mit seinem Namen richtig vertraut machen."

„Das ist eine gute Entscheidung! Ich danke Ihnen für diesen Hinweis! Ich werde sofort darangehen, Sohn und Schwiegertochter in dieser Richtung anzuspornen. Halt, ich werde zuerst selber einiges über den Namen Heinrich nachlesen, um die bessere Überzeugungskraft zu finden. - Im übrigen habe ich schon mal bei meinem Enkel leise auf den Busch geklopft. Ich denke, er wird gar nichts dagegen haben, wenn ich ihm etwas über Heinrich den Löwen erzählen werde."

„Wie schön, daß unser Treffen solche Früchte trägt. Ich denke, daß die Umschreibung auf dem Standesamt auch keine bedeutenden Kosten verursachen wird."

„Ach, was!“ sagte unser beherzter Besuch. „Wenn das etwas kosten sollte, dann werde ich die Sache übernehmen, um meinen Teil dazu beizutragen.“

Die ursprüngliche Blumen-Bekanntschaft hat sich im Laufe der Zeit ausgeweitet. Unser junger Freund Heinz hat uns ab und zu mit und ohne seine Eltern besucht. Wenn ich die alte Dame zufällig treffe, kommt sie immer auf unsere gemeinsame Liebe zu Pflanzen zu sprechen - und strahlt übers ganze Gesicht.

***

JAKOB

Ende April 2000 war es in der Kasseler Gegend heiß wie im Hochsommer. Meine Frau und ich mußten in der Stadt etwas besorgen, und ich hatte Hitzedurst auf ein Bier. So saßen wir ausnahmsweise mal in einem Straßencafé, um zu verschnaufen und um die Leute zu beobachten.

Es dauerte gar nicht lange, da fand sich noch eine durstige Seele ein. Wir bekamen gerade noch mit, daß die bessere Hälfte dieses fast Verdurstenden nicht ganz damit einverstanden war, daß schon am frühen Nachmittag Bier getrunken wird. Obgleich die Frau die Regierung in diesem Gespann zu stellen schien, ließ sich der Mann in diesem Falle nicht unterpflügen. Er fragte, ob sie bei uns Platz nehmen dürften, und bestellte selbstbewußt sein Bier. - Diese kurze Einleitung machte meine Frau und mich neugierig, wie wir weiter kostenlos unterhalten werden könnten. Ungeniert redeten die beiden drauf los, als wären wir gar nicht da.

„Hast du heute das Bild in der Zeitung gesehen?" fragte der Mann seine Frau.

„Natürlich habe ich das Bild gesehen! Du mußt nur sagen, welches du meinst!" sagte sie selbstbewußt, und zeigte damit deutlich, daß hier noch lange nicht entschieden ist, wer Herr im Hause ist.

„Na, das mit dem Günter Grass, diesem Nobelpreis-Geilen mit der Fäkaliensprache!"

„Auch das habe ich gesehen!" sagte sie. „Und dann noch mit seiner Familie! Das heißt, der Familie seines Sohnes."

„Ich habe gar nicht gewußt, daß der einen Sohn hat!" sagte der Mann, der etwa so um die sechzig gewesen sein dürfte. „Dann waren das also seine Enkelkinder! Und diese ganze Sippschaft wohnt in Kassel?"

„Ja, ja, und zur Schule gehen die Kinder ins Albert-Schweitzer-Gymnasium. Oder die Ältesten jedenfalls. Denn vor der Schule wurde ja das Bild geschossen."

„Na, dann kann denen ja nicht mehr viel passieren," spann der Nachbar den Faden weiter. „Die werden das Abi mit Glanz bestehen! Die Lehrer werden sich von soviel 'Sonne' in ihrem Bau noch einen Sonnenbrand holen. Heute läuft doch alles nur noch mit der nötigen Schmiere, und wenn es ein warmer Hundedreck, oh Verzeihung! Ich meine, wenn es nur ein warmer Händedruck von dem Meister dieser

Primitivromane ist. Da wäre wirklich besser, vom Hundedreck zu sprechen!“ - Er hatte natürlich gemerkt, daß wir eifrige Schwarzhörer seiner Ergüsse waren, und er schmunzelte zu mir rüber.

Wir hatten das Gefühl, der Mann mußte seinem Herzen einfach Luft machen. Und schon legte er wieder los: „Das, was der Grass schreibt, ist genau das, was zu seinem Enkel namens Jakob paßt. Und das mit dem Nobelpreis ist doch seit vor dem II. Weltkrieg eine rein politische Angelegenheit! Das hat alles nichts mehr mit Anerkennung literarischer Glanzleistungen zu tun!“

„Was haben die Bücher von Grass mit seinem Enkel Jakob nun zu schaffen? Das verstehe ich nicht,“ fragte seine Frau.

„Wer heutzutage einem Kind den Namen Jakob verpaßt, der tut es, weil es Mode ist. Oder, was bei dem linken Vogel Grass anzunehmen ist, um sich bei gewissen Leuten anzubiedern, damit er endlich den Nobelpreis bekommt. Das hat er ja nun endlich geschafft. Ich möchte wetten, daß er an der Namensgebung seines Enkels beteiligt war! Als Deutscher muß man diesen Mann abschreiben. Er tut alles, um gegen die Interessen Deutschlands zu wirken. Und literarisch, ich denke an seine ‘Blechtrommel’, dokumentiert er sein geringes Talent. Als Grafiker mag er ja gut sein, aber als Schriftsteller? Solche Leute, die nicht in der Lage sind, etwas wirklich Schöngeistiges zu schreiben, versuchen damit zu Lorbeeren zu kommen, daß sie um jeden Preis ‘anders’ sein wollen. Und wenn es eine besondere Art ins Negative ist. - Zu allem paßt der Name Jakob heute genau wie die Faust aufs Auge!“

Seine Frau schien das Interesse am Ärger ihres Mannes zu verlieren, denn sie hatte ihre Bestellung aufgegeben und hörte schon längst nicht mehr hin. Das war sicher der Anlaß, eine Reaktion von mir zu erwarten. Ein typischer Kontaktmensch! Er blinzelte mir zu und erwartete eine Antwort. Obgleich ich sonst auf solche Gesprächs-Angebote schnell eingehe, wollte ich hier den Neugierigen spielen, der sein Wissen gern erweitern möchte.

„Rein äußerlich,“ sagte ich, „mag ich Grass auch nicht. Er sieht mir irgendwie vergrätzt aus. Als wenn er mit sich und der Welt nicht zufrieden wäre. Von der „Blechtrommel“ habe ich nur wenig gelesen. Meine Frau machte mich auf ein paar Abschnitte aufmerksam. Die haben mir gereicht. Ich mag so etwas nicht! Was aber seinen Enkel mit dem biblischen Namen betrifft, so muß ich passen. Ich weiß nur soviel, daß es kein deutscher Name ist, sondern ein jüdischer aus dem Alten Testament."

„Das hätten Sie nicht sagen dürfen," schaltete sich die andere Ehehälfte ein. „Jetzt ist mein Mann in seinem Element. Er wird Sie gleich über alles aufklären. Wir Frauen können während dieser Zeit ja einen Schaufensterbummel machen." - Und zu meiner Frau gewandt, sagte sie: „Wollen wir?" - Und zu ihrem Mann: „Gib mir doch mal einen Hunderter, damit du mich loswirst!"

Das tat er, ohne mit der Wimper zu zucken. Und weg waren die beiden Damen.

Sofort neigte sich der Unbekannte mir wieder zu: „Dieser Grass ekelt mich an! - Aber nun zum 'Jakob'! Für mich ist klar, daß der Grass sich bei den Juden damit einschmeicheln wollte. Da kennt der nichts! Der zieht doch alle Register. Und wenn sein Enkel ein würdiger 'Jakob' werden sollte, dann paßt er in die heutige Zeit!"

„Sie sprechen so allgemein. Was hat denn nur der Ur-Jakob Schlimmes auf dem Kerbholz?" wollte ich wissen.

„Also wissen Sie, eigentlich halte ich ja die ganze Bibel für einen Riesenschwindel. Aber sie gehört nun mal zur christlichen Religion, und die Pfaffen wie auch die blöden Schafe der christlichen Hammelherde schwören ja auf ihre Bibel. Also bleiben wir dabei! Angefangen hat es damit, daß dieser Jakob seinen Bruder Esau reingelegt hat. Er gaunerte seinem Bruder für ein Linsengericht das Erstgeburtsrecht ab, das bei den Juden einen hohen Rang hatte. Wie man es auch aus unserer Zeit kennt, der älteste Sohn des Bauern erbte den Hof.

Später wurde Jakob von seinem Schwiegervater, der ebenfalls ein Gauner war, reingelegt. Der ließ seinen Schwiegersohn nämlich doppelt solange arbeiten als es üblich war, um die Tochter zu bekommen.

Danach hat der Schwiegersohn seinen Schwiegervater wiederum übers Ohr gehauen. Er hat ihm nämlich fast die ganze Viehherde mit einem Trick abgegaunert.

Dann hat er mit seinen Söhnen zusammen alle Männer einer Stadt ermordet."

„Nun mal langsam," mußte ich ihn unterbrechen, „wie kann denn ein Vater allein mit seinen Söhnen, und sollten es zehn sein, alle Männer einer Stadt ermorden können?"

„Da habe ich wieder den Beweis! Die Christen kennen ihre Bibel einfach nicht!“ Dabei sah er mich mit großen Augen an.

„Wer sagt Ihnen denn, daß ich Christ bin?“

„Sind Sie vielleicht Moslem, Türke?“

Ich schüttelte den Kopf.

„Ja, habe ich denn das Vergnügen, mich mit einem Juden zu unterhalten?“ Verschmitzt und lauernd wurde ich beobachtet.

Ich machte eine unklare Gebärde und fand es plötzlich recht spannend, die Rolle eines Juden zu spielen: „Ich will nicht hinter dem Berge halten,“ sagte ich. „Ich will Sie aufklären: Vor einiger Zeit bekam ich aus der Schweiz einen Brief, in dem mir der Herausgeber einer Zeitung auf drei eng beschriebenen Seiten bewies oder bestätigte, ganz wie Sie wollen, daß ich jüdischer Abstammung sei. - Und nun können Sie daraus machen, was Sie wollen.“

„Ja, sind Sie nun Jude oder nicht?“

„Das herauszufinden, müssen Sie sich schon selber ein bißchen anstrengen. Wenn Sie ein solcher Menschenkenner sind, dann wird Ihnen diese Lösung auch nicht schwerfallen.“

Mein Nachbar schien einen kurzen Augenblick zu überlegen. Dann legte er los: „Jude oder Verfassungsschutz, das ist mir völlig wurscht! Aber ich werde Ihnen gleich eine Hilfestellung geben, damit Sie so oder so Ihres Amtes walten können. Ich weiß ja, daß man jeden harmlosen Deutschen mit der Auschwitzkeule erschlagen kann. Und hiermit gebe ich Ihnen die Möglichkeit, sich selber zu beweisen: Es schwirren in der Welt so viele Zahlen über angeblich ermordete Juden herum, daß vermutlich kaum einer weiß, was Wahrheit und was Dichtung ist. Aus diesem Grunde habe ich um Aufklärung beim Innenminister der BRD gebeten. Ich bekam zur Antwort, daß sich die genaue Zahl aus der Statistik ergibt. Inzwischen kam ich zu einer jüdischen Statistik aus den USA, über die alle Welt staunen würde - diese Zahlen sind so gefährlich, daß jeder, der sie ausspricht fürchten muß, wegen „Leugnung“ oder „Verharmlosung“ des Holocaust oder Verbreitung von unerlaubten - dieses Wort muß ich auch streichen, Bekanntschaft mit dem Staatsanwalt zu machen. - Ich vermisse Ihre Reaktion! Sie schmunzeln dazu? - Gut lassen wir das!“

Da er eine Pause einlegte, fragte ich: „Und was hat das alles mit dem Namen Jakob zu tun?“

„Mein lieber Herr, ob Jude oder nicht! - Wer den Namen Jakob trägt, der identifiziert sich mit dem **Gauner** und **Mörder** Jakob. Dieser ist aber gleichzeitig einer der drei **Erzväter** des Judentums. Nach der Theorie des Juden Goldhagen liegen auch negative Eigenschaften der Menschen in den Genen. Danach müssen also in den Genen dieser Erzväter auch das Gaunern und Betrügen liegen. Die armen Nachkommen! Aber es wird so manches durch die Lehre des Talmuds sogar zur Religion erhoben. Somit liegt der Schluß nahe, daß auch die Geschichte dieser seltsamen Statistik jüdischer Herkunft, über die ich nicht reden darf, ihre Grundlagen in diesem 'Jakob' mit seinen Charaktereigenschaften zu suchen sind. Bei ihm sind Lug und Betrug die markantesten charakterlichen Merkmale. Sie sind mit dem Namen Jakob fest verbunden. Ein Deutscher kann unmöglich seinem Kind diesen Namen geben! Wenn er es dennoch tut, dann dokumentiert er damit seine ganze Unterwürfigkeit bis zur Selbstaufgabe."

Es freute mich, eine solch feste und begründete Haltung dieses Mannes zu erleben. Wir haben noch über andere Probleme gesprochen, wobei ich wie bisher zurückhaltend blieb. Ich bemerkte seine verhaltene Neugierde zu erfahren, mit wem er es zu tun hätte. Aber ich ließ mich nicht erweichen. Vielmehr bat ich ihn um seine Anschrift mit dem Versprechen, die Katze später aus dem Sack zu lassen.

„Wenn Sie es ehrlich meinen, bitte sehr, hier ist meine Visitenkarte."

Draußen haben wir auf unsere Frauen gewartet. - Bei ihnen war die Sache offener verlaufen. Sie hatten sich gut verstanden und sich mit ihren Namen bekanntgemacht.

Übrigens: Es wurde eine verläßliche Freundschaft daraus.

***

Ratschlag für alle Unterwürfige, Modehungrige oder auch nur Ahnungslose:
Wer seinen Sohn mit einem jüdischen Namen belasten will, der sollte ihn konsequenterweise gleich beschneiden lassen!

Noch ein Ratschlag:
Wer deutschbewußt fühlt und entsprechend handelt, gibt seinen Kindern deutsche Namen!

Von Erich Glagau sind erschienen:
„**Nichts** wie nach Hause", 1982, Heitere Kurzgeschichten
„Das Geheimnis um **Boris** Stroganoff", 1988, Tats.-Roman
„Das kam mir doch recht **spanisch** vor", 1988, Heitere Kurzgesch.
„**Verrückt**, aber erfolgreich", 1990, Heitere Kurzgeschichten
„Die **grausame** Bibel" (A.T.), 1991, 8 Auflagen
„**O Schreck!** Ich habe geglaubt!" (N.T.) 1992
„Der **Traum** vom großen Geld", 1993 – Heitere Kurzgeschichten
„Gott beim **Wort** genommen" I. Teil, 1993
.„Eine **Königin** läßt morden" (Buch Esther),1994
„Gott beim **Wort** genommen II. Teil, 1994
„**Sechs** Richtige", 2001,Tats.-Roman - 6 Frauen, ein Pilot ...1995
„**Erdachte** Gespräche" I. mit hist. Persönlichkeiten, 1996
„Der Babylonische **Talmud**", ein Querschnitt, 1996
„Die Welt am **Abgrund**", 1997, Broschüre, 1997
„Eine passende **Antwort**, Herr Bubis",1997
„**Verblüff**endes von der Wahrheitsfront", Gespräche II., 1997
„Die **mosaisch**-christliche Rel. und das dt. Volk", 1998, Broschüre
„Der **Schauprozeß**, Friedrich d. Gr. angekl. in Nürnberg",1999
„Die **Entlarvung** des Antisemitismus-Schwindels", 1999, Broschüre
„**Freitag** der 13. Die Sängerknaben trauern um Ignatz Bubis", 2000
„Das **Kerbholz**" Eine Satire - In Wahrheit - Mit Hoffnung, 2000
„Müssen **Kinder** so heißen?" Biblische Namen für deutsche Kinder? 2001
Rosenzweig/E.G.: „Mein **Kampf** - Mit der Bibel - Mit dem StGB", 2001
„**David**, ein biblischer Schurke und die Last mit den Genen", 2001
„**Vatikan**-Studie", A.T. in Reimen. Eine Satire, 2001
„**Globalisierte** „Leid-Kultur"? Oder Deutsche Leitkultur?", 2002, Brosch.
„**Erinnerungen** eines Zeitzeugen" , 1914 – ?, Brosch. 2002
„**Die Ziele aus** Bibel, Talmud+ den „Protokollen" Brosch. 2002
„Schauen Sie in den **Rückspiegel**, Herr Spiegel!", Wien, 2003
„**Religion"** kommt von „relegere", d. h. „gewissenhaft beobachten", Brosch. 2003
„**Völker** hört die Signale!" Brief eines ehem. Sowjet-Offiziers, 2003
„**Josef**, der Mann in Jerusalem", Broschüre, 2002
„**Lisa,** Das Schicksal einer deutschen Frau 1934-1965", Brosch. 2002
„**Der Kreis** schließt sich", eine fast unglaubliche Liebesgeschichte, Brosch.
„**Millionäre** leben gefährlich" Tatsachen-Krimi, Brosch. 2001